소리 · 스물여섯

팔정도八正道 다시 보기

말한이 활 성

고요한소리

바야흐로 팔정도八正道로 진리의 시대를 열다!
팔정도는 별난 길이 아니다. 이미 상식화된 길이다.
이렇게 상식화된 데는 사성인四聖人을 비롯한 지혜로운
선현들의 가르침이 인류 사회를 이끌어준 그 은덕 덕분이다.

일러두기

* 활성 스님은 1987년 고요한소리를 설립하신 이래 부처님 원음을 발굴하시
  고 궁구해 오고 계신다. 스님은 30여 년간 회원들에게 사성제 팔정도를 중
  심으로 법문하시면서 누구든 팔정도를 실생활에서 실천하여 향상하도록
  독려하신다. 이 책에는 스님의 팔정도에 대한 각별한 관심과 독창적인 시각
  이 담겨 있다.

* 본문에 인용된 경은 영국빠알리성전협회P.T.S.에서 간행한 빠알리 경전을
  저본으로 하고 있다.

차 례

1. 팔정도八正道의 재발견

    사성제四聖諦를 진리라 부릅니다. 팔정도八正道도 당연히 진리입니다. 그런데 '진리'를 언어로 설명할 수 있을까요? 말이 많이 붙으면 붙을수록 진리는 그 진리됨이 희석되고 논리만 남게 됩니다. 그런데 설명하지 않을 수도 없습니다. 딜레마인 셈입니다. 그런 어려움을 안은 채 가능한 한 간략히 설명하는 길을 택할 수밖에 없겠습니다.

부처님, 팔정도를 다시 발견하시다

그렇다면 팔정도는 어떻게 나오게 되었는가? 부처님이 하신 비유에 의하면 이렇습니다. 사람들이 다니던 한 길이 있었는데, 시간이 지나면서 인적이 사라지고 잡초로 무성하게 덮여 마침내 흔적조차 사라져 버립니다. 그 옛길을 한 사람이 찾아냅니다. 그 길을 따라갔더니 사람은 살지 않고 비어있는 훌륭한 궁전이 나오더랍니다.

잡초에 덮여 흔적도 없어졌지만, 잡초만 제거하면 다시 나오는 반듯한 길, 그것이 팔정도였던 겁니다. 석가모니 이전 과거불過去佛 시대에도 그때마다 반드시 팔정도가 있었는데, 한동안 사람들이 그 길을 안 다니는 바람에 폐허가 되어서 그 길이 있었던 것조차 잊어버리게 되었지요. 그 길을 석가모니 부처님 당신이 찾아내셨고, 다시 잘 닦아서 많은 사람들이 그 길을 걸어 해탈·열반에 이를 수 있도록 하셨습니다.

부처님은 팔정도를 '발견한 길'[1]이라고 말씀하십니다. 구체적으로는 '재발견'이자 '재개발' 했다는 뜻입니다. 부처님 당신이 팔정도를 만들거나 발명했다고 하지 않으십니다. 팔정도는 도성제道聖諦로서 사성제四聖

---

1 "비구들이여, 그와 같이 나는 옛적의 정등각자[過去佛]들이 다니던 옛길, 지름길을 보았다. 그러면 어떤 것이 옛적의 정등각자들이 다니던 옛길, 지름길인가? 그것은 바로 성스러운 여덟 가지 길이니, 즉 바른 견해, 바른 사유, 바른 말, 바른 행위, 바른 생계, 바른 노력, 바른 마음챙김, 바른 집중이다. 비구들이여, 이것이 옛적의 정등각자들이 다니던 옛길, 지름길이다. *Evameva khvāhaṃ bhikkhave, addasaṃ purāṇaṃ maggaṃ purāṇañjasaṃ pubbakehi sammāsambuddhehi anuyātaṃ. Katamo ca so bhikkhave, purāṇamaggo purāṇañjaso pubbakehi sammāsambuddhehi anuyāto? Ayameva ariyo aṭṭhaṅgiko maggo. Seyyathīdaṃ: sammādiṭṭhi sammāsaṅkappo sammāvācā sammākammanto sammāājīvo sammāvāyāmo sammāsati sammāsamādhi. Ayaṃ kho so bhikkhave purāṇamaggo. Purāṇañjaso. Pubbakehi sammāsambuddhehi anuyāto.*"《상윳따 니까야*Saṃyutta Nikāya* 相應部》, 12:65 〈도시 경*Nagara sutta*〉, 106쪽.

諦에 들어가는 진리입니다. 진리는 누가 만들 수 있는 게 아닙니다. 누가 만들었다면 진리가 아니라 무상하기 그지없는 한낱 제작품이 되는 거지요. 팔정도는 과거, 현재, 미래의 어느 부처님 시대에도 반드시 있는 진리입니다. 부처님이 팔정도를 다시 발견하시고 널리 알리셔서 우리 모두가 그 길을 걸을 수 있게끔 이끌어주신 겁니다.

팔정도가 있고 없고의 차이

부처님 당시 인도에서는 진리를 추구하는 사람들의 활동이 매우 왕성했던 것 같습니다. 수없이 많은 구도자들이 제각기 나름대로 진리와 해탈解脫을 추구하고 있었지요. 인도 역사상 우파니샤드 시대는 전반적으로 진리 추구의 열정이 솟구쳤고 지적 활동이 왕성했던 대단히 창조적인 시기였던 걸로 여겨집니다.

많은 사람들이 나서서 각자의 가르침을 폈는데, 경에서 언급하고 있듯이 불교의 입장에서 보아 그중 가장 세력도 크고 특징이 두드러졌던 여섯 파를 '육사외도六師外道'[2]라고 부르지요. 당시 육사외도를 비롯한 여러 파의 수행자들이 종종 부처님 제자들에게 도전해 옵니다. 경에 이런 이야기가 있습니다.

부처님 제자들이 탁발을 하다가 외도의 제자들을

---

2 육사외도六師外道: 부처님 당시 인도에서 활약한 여섯 철학파. 베다의 권위를 부정한 비정통파란 점이 공통될 뿐 각기 자유로이 가르침을 폈다. ① 뿌우라나 깟사빠*Pūraṇa Kassapa*, 도덕부정론자 ② 막칼리 고사알라*Makkhali Gosāla*, 숙명론자(업에 의한 윤회를 부정) ③ 아지따 께사깜발리*Ajita Kesakambalī*, 사후 단멸론자(유물론에 입각한 쾌락주의자) ④ 빠꾸다 깟짜야나*Pakudha Kaccāyana*, 결정론자(우주를 구성하는 일곱 요소의 실재 인정) ⑤ 니간타 나아따뿟따*Nigaṇṭha Nātaputta*, 자이나교 교주(고행, 금욕주의) ⑥ 산자야 벨라티뿟따*Sañjaya Belaṭṭhiputta*, 불가지론자(존재론적 실재를 인정하지 않음)

만나게 됩니다. 그런데 하루는 어떤 외도의 제자가 묻습니다. '당신네도 해탈解脫을 추구하고, 우리도 해탈을 추구한다. 당신들과 우리 가르침의 차이가 뭐냐?' 이런 질문을 받고 돌아와서 제자들이 부처님께 '오늘 이러이러한 질문을 받았습니다.'라고 말씀드렸지요. 부처님이 명쾌한 대답을 주십니다.

우선 외도들의 주장에 대해서 부처님은 모두들 해탈을 지향한다는 사실에 동의하십니다. '다만 그네들은 해탈을 말하기는 하지만 실질적으로 거기에 이르는 길을 갖추고 있지 못하다. 그런데 불법에는 해탈解脫·열반涅槃에 이르는 유일하고도 완전한 길이 있다. 그것이 팔정도八正道이다. 이 가르침에는 팔정도가 있고 그들에게는 팔정도가 없다. 그것이 차이다.'라고 말씀하십니다.

부처님의 생애를 마무리 짓는 〈대반열반경Mahāpari-

nibbāna sutta〉에도 이와 같은 말씀이 나옵니다. 부처님이 열반에 드시기 직전 마지막으로 수밧다에게 계를 주셨지요. 그때 나눈 말씀을 간추려 옮기면 다음과 같습니다.

'고타마님이시여, 제자들을 거느려 유명 문파를 이루고 있는 뿌우라나 깟사빠, 막칼리 고사알라, 아지따 께사깜발리, 빠꾸다 깟짜아야나, 산자야 벨라티뿟따, 니간타 나아따뿟따 같은 분들은 모두 다 자신들이 주장하듯이 진리를 깨달은 것입니까, 아니면 깨닫지 못한 것입니까? 아니면 어떤 이는 깨닫고 어떤 이는 깨닫지 못한 것입니까?'라고 수밧다가 여쭙자 부처님이 말씀하셨습니다.

그만하라, 수밧다여, 되었다. … 나는 그대에게 담마를 설하리라. 이것을 잘 들어라. 듣고 마음에 새겨라. 이제 담마를 설

하리라. … 수밧다여, 이 가르침과 율에는 성팔지도聖八支道
가 있다. 수밧다여, 그러므로 오직 여기에만 첫 번째 수행자
[豫流道, 豫流果]가 있다. 여기에만 두 번째 수행자[一來道, 一來
果]가 있다. 여기에만 세 번째 수행자[不還道, 不還果]가 있다.
여기에만 네 번째 수행자[阿羅漢道, 阿羅漢果]가 있다. 다른 가
르침[外道]에는 사문들이 없다. 수밧다여, 이 비구들이 바르
게 머문다면 이 세상에 아라한들이 없지 않을 것이다.[3]

　　이는 다른 데서는 팔정도를 찾을 수 없으니 위와 같
은 수행자도 있을 수 없고, 따라서 다른 외도에 관한 논

3　"*Alaṃ subhaddaṃ Tiṭṭhat'etaṃ …. Dhammaṃ te subhadda desissāmi. Taṃ
sunāhi, sādhukaṃ manasi karohi, bhāsissāmīti. … Yasmiñca kho subhadda
dhammavinaye Ariyo Aṭṭhaṅgiko Maggo upalabbhati. Imasmiṁ kho subhadda
dhammavinaye Ariyo Aṭṭhaṅgiko Maggo upalabbhati. Idheva subhadda
samaṇo, idha dutiyo samaṇo, idha tatiyo samaṇo, idha catuttho samaṇo. Suññā
parappavādā samaṇehi aññe. Ime ca subhadda bhikkhū sammā vihareyyuṁ
asuñño loko arahantehi assa.*"《디이가 니까야야*Dīgha Nikāya* 長部》, 16
경〈대반열반경*Mahāparinibbāna sutta*〉, II, 151쪽.

14

의는 무익하다는 말씀입니다. 역사적 정황들로 미루어 볼 때 사바세계의 고苦에서 벗어나는 길을 찾는 것은 당시 인도는 물론 지구상 많은 구도자들의 과제였던 것 같습니다. 그렇지만 해탈·열반을 구체적으로 이룰 수 있는 길을 누구든 승복할 수 있게끔 완벽한 체계를 갖추어 제시하신 분은 부처님 말고는 달리 없었던 걸로 생각합니다.

이 대목에서 오늘날의 종교 분위기에 익숙한 사람들이 조심해야 할 점이 있습니다. 부처님은 팔정도가 있고 없고의 차이를 공언하시면서도 다른 가르침을 삿되다고 폄하하지는 않으셨습니다. 설혹 견해가 다르고 그것이 틀린 것일지라도 오늘날 풍토처럼 격렬하게 적대적 태도를 취하지 않으셨습니다. 모두 진리를 추구하는 사람들 각자의 나름대로의 노력이라고 보셨기 때문입니다.

그러니 '정正이다, 사邪다' 함부로 말하면 안 됩니다. 진리에 대해서 정과 사를 논하면 반드시 극단적 이데올로기의 편향성에 빠질 위험이 있습니다. 오늘날 불교 안팎으로 여러 종교와 종파가 있는데, 그것을 정과 사로 논하면 결국 각자가 가진 신앙적 열성으로 인해 충돌밖에 남는 게 없을 겁니다. 요즘은 매사 경직화되고 극단화하는 시대라서 우리도 자꾸 그러한 도전과 유혹을 받기 쉽습니다. 그럴수록 불자들은 극단적 단정을 경계해야 합니다.

다만 지금 여기서 중요하게 보아야 할 것은 '어느 가르침이 좀 더 실다운가?' 하는 점입니다. 모두가 구하여 마지않는 해탈일지라도 그것이 진정한 해탈일 때에만 해탈이라는 말도 실다운 의미를 갖습니다. 진정한 해탈을 이룰 수 있는지 없는지에 따라 같은 해탈이라는 말을 쓰고 있어도 그 말이 함축하는 뜻은 완전히 달라질 수 있기 때문입니다.

따라서 각 종교나 종파들이 표방하는 말에서 정과 사를 논할 것이 아니라 그 말이 실현 가능성이 있느냐 없느냐, 그 가르침이 목적을 실현할 수 있게끔 이끌어 주느냐 아니냐의 차이로 판단하는 것이 중요하다는 말입니다.

요컨대 부처님은 '모든 가르침이 진리를 추구한다는 점에서는 같지만 불교에는 해탈·열반에 이르는 구체적이고 확실한 길이 있다. 그것이 팔정도이다. 바로 그 점이 불교의 특징이요 외도와의 차이다.' 이렇게 말씀하신 것으로 이해됩니다.

2. 팔정도는 중도中道

　팔정도에 대한 논의는 중도와 어떤 관련성이 있는가에 대한 검토에서부터 출발해야 할 것 같습니다. 그러려면 팔정도를 중심으로 하는 것보다 중도를 중심으로 팔정도를 생각해보는 것이 나으리라 생각합니다. 부처님이 깨달으신 후 녹야원에서 다섯 비구에게 설하신 최초의 법문이 〈초전법륜경初轉法輪經 *Dhammacakkapavattana sutta*〉[4]입니다. 부처님은 이 경에서 처음에 중도中道를, 다음에 팔정도를, 그리고 사성제를 말씀하셨습니다. 우선 고락苦樂의 양극단에 치우

---

4 《상윳따 니까야야*Saṃyutta Nikāya* 相應部》, 56:11경, V, 참조.

치지 말라고 하시면서 중도를 설하십니다. 세속의 즐거움이나 사바세계의 욕망에 치우치지 않고, 또 지나친 고행에도 치우치지 않는 길이 중도라고 선언하셨습니다.

중도는 '중中을 지향하는 걸음'이라는 뜻입니다. 빠알리어*Pāli*로 중도는 '맛지마 빠띠빠다*majjhimā paṭipadā*'입니다. 맛지마*majjhimā*는 한역으로 중中인데, '양변의 어느 쪽에도 치우치지 않는 중간'이라는 뜻입니다. 빠띠빠다*paṭipadā*는 '~를 향한 걸음·실천·행적行蹟'이라는 말로 '길에 들어서다, 나아가다'라는 뜻입니다. 그러니까 맛지마 빠띠빠다는 '치우치지 않는 중中의 걸음'이라는 뜻입니다. 보통 '중도' 하면 양변을 다 거부하니까 중간 어디쯤에서 절충되는 것으로 생각하기 쉽습니다. 하지만 중도는 양변의 중간에서 절충 노선을 취하는 것이 결코 아닙니다. 뿐만 아니라 중도는 어떤 일정한 노선을 가운데에 설정해놓고 거기서 벗어나지 않으려 애쓰는 것이 아니라 양변을 배제하는 자세를 견지함으로써 자연히 중을 취하게 되는 걸음인 것입니다.

부처님이 중도를 갠지스 강의 흐름을 타고 가는 뗏목에 비유하여 설하신 유명한 설법이 있습니다.[5] 뗏목을 타고 가다 보면 거센 물결에 밀리어 기슭에 처박히기도 하고, 모래톱에 얹혀 버릴 수도 있습니다. 그래서는 목적지인 바다, 즉 피안에 도달할 수가 없지요. 그런데 양변을 계속 피하려면 어떻게 해야 될까요? 뗏목이 이쪽으로 밀리면 삿대로 강 가운데로 밀어내고 저쪽으로 밀리면 또 밀어내어 어느 쪽으로도 쏠리지 않도록 하면 자연히 강물 따라 흘러갈 것 아닙니까. 그것

---

5 《장로니게Therīgāthā》, 〈Thera-a〉 II, 43~44, 게송 제 168.

이 '중의 걸음', 맛지마 빠띠빠다입니다. 이쪽에 처박히는 건 이쪽 극단에 빠지는 것이고 저쪽에 처박히는 건 저쪽 극단에 빠지는 것입니다. 양쪽 극단을 항상 배제하면서 도달해야 할 저 목적지, 피안에 이르도록 뗏목을 잘 조절해 나아가는 것, 그것이 중도입니다.

부처님이 녹야원에서 하신 최초의 법문이 중도를 설하시면서 시작되었지요. '그대들이 비난하는 욕망의 세계는 물론 천하고 보잘것없는 길임이 틀림없다. 하지만 그대들이 그렇게 고집하는 고행의 길도 역시 괴롭고 무익한 길이다. 이 두 길 어느 쪽에도 치우치지 않는 것이 중도이다. 이 중도가 곧 팔정도이다.' 이것이 요지입니다. 부처님은 대각을 이루시기 전 고행림에서 극단까지 고행을 해보셨는데, 거기에서 진정한 해탈의 가능성을 발견하지 못하셨습니다. 고행은 몸도 상하고 마음도 편벽되어 해탈의 길로 나아가지 못한다고 판단하셨습니다. 진정한 해탈을 하려면 세속적 삶에서는 길을 찾을 수 없고 출가에서 찾는 수밖에 없습니다. 그 당시는 출가하여 할 수 있는 일이란 전통적 방식에 따라 최대한 마음을 집중하는 정定 공부에 힘쓰거나 아니면 육체의 한계를 넘어서도록 고행을 닦는 길이 있었지요. 부처님도 이 전통에 따라 그 두 길을 시험해보셨지요. 그것도 극한에 이르기까지요. 그러나 거기서 얻은 결론은 이 두 길 모두가 진리에 이르는 길로서 적합지 않다는 겁니다. 부처님이 몸으로 실제 확인하신 겁니다. 부처님은 정定 수행자로 이름 높던 아알라아라 까알라아마와 웃따까 라아마뿟따라는 두 요기에게서 정을 배워 무소유처정無所有處定과 비상비비상처정非想非非想處定이라는 높은 정을 체험하셨고, 고행림에 가서 단식을 비롯 갖가지 고행을 그야말로 극단까지 밀어붙여 죽음의 직전까지 가셨지요. 그러나 무색계의 높은 정과 고행, 이 두 길 모두가 당신께서 추구하던 목표에 이르는 길이 못 된다는 것을 몸소 확인하셨던 겁니다.

따라서 세속적 구도행과 출가자의 전통적 수행의 두 길이 모두가 길이 아니라면 어떤 길이 달리 있을까 번민하던 끝에 찾아내신 길이 중도였던 것입니다. 그 두 길에 공통된 점이 바로 극단성에 있다는 점을 깨달으셨으니까요. 이 극단들을 넘어서는 중도의 길을 찾지 않을 수 없으셨을 테고 그 길을 찾는 노력 끝에 깨닫게 되신 길이 팔정도였습니다. 즉 일상적 삶이든 수행의 삶이든 양극단을 거부하고 중中을 찾고자 할 수는 있겠으나 그렇다면 그 중을 어디서 찾아야 할 것인가. 이것이 수행자로서는 최대의 과제가 되었을 겁니다.

경에는 부처님이 어렸을 적에 경험했던 바, 초선初禪을 떠올리신 일을 그 계기로 말씀하십니다. 여기서 우리는 부처님이 중도의 구현으로서 팔정도를 말씀하시게 되는 과정을 역추적해 볼 수 있습니다. 어릴 적 순수 무구한, 그래서 어떤 수행 방법에 대한 견해도 편견도 없는 깨끗한 마음으로 자신도 모르는 사이 몰입한 자연스레 챙겨진 순일한 마음 상태, 그것이 바로 팔정도가 지향하는 바른 마음챙김이라는 것이며 그런 정을 이룬 마음 상태야말로 중정中正한 마음이고 따라서 팔정도의 각 항목마다 반드시 언급되는 바름[正 sammā]이 바로 그러한 중정한 마음 상태를 가리키는 것이 아닐까 추정해봅니다. 그런 바른 마음 상태라면 열반이라는 진리와 통하는 삶과 수행을 능히 뒷받쳐줄 수 있을 것이 분명하다고 생각해 봅니다.

부처님은 네란자라 강변에서 우유죽을 드시고 목욕을 하신 후 붓다가야의 금강보좌에 앉아 마음을 고요히 하여 선정禪定에 드심으로써 마침내 해탈을 이루십니다.

부처님이 깨달으시고 나서 '담마*Dhamma*를 누구에겐가 전해준다 하더라도 이 미묘한 담마를 알아들을 사람이 과연 있을까?' 하고 신통력으로 사방을 둘러보시다가 '같이 수행했던 다섯 비구라면 이 담마를 알아들을 것 같으니 그들에게 전해 주어야겠다.'고 생각하시고, 그들이 있는 녹야원까지 몸소 가셔서 최초의 설법을 하셨지요. 철저한 고행주의자였던 이 다섯 비구는 부처님이 고행을 그만두셨을 때 '타락했다'고 크게 실망하여 부처님 곁을 떠났던 사람들이라 합니다.

부처님이 다섯 비구에게 최초로 법문을 하신 것이 불교의 시작입니다. 깨달은 이가 출현하심으로써 불보佛寶가 성립되고, 녹야원 법문에서 중도와 팔정도 그리고 사성제를 설하심으로써 비로소 법보法寶가 이루어집니다. 그 법문을 듣고 다섯 비구가 부처님에게 귀의해서 승가[僧寶]가 형성됨으로써 마침내 불·법·승 삼보 三寶가 갖추어집니다.

3. 진리의 길, 팔정도

팔정도는 진리 실현의 길

불법의 종자가 끊어지지 않고 어떤 상황에서도 적응하여 계속 생명을 이어나갈 수 있으려면 전천후 씨앗이 필요합니다. 그것이 사성제四聖諦라는 이름의 진리 체계입니다.

불교에서 진리라는 말은 지극히 신중하게 사용합니다. 그 많은 담마 가운데 오직 사성제만 진리라고 합니다. 사성제는 고苦라는 성스러운 진리[苦聖諦], 고의 원인이라는 성스러운 진리[集聖諦], 고의 멸滅이라는 성스러운 진리[滅聖諦], 고의 멸에 이르는 길이라는 성스러운 진리[道聖諦]로 짜여 있습니다. 물론 열반이 대표적 진리로 언급되어야겠지만 열반은 고가 멸한 상태이기 때문에 사성제 바깥에 따로 열반이 있는 것이 아닙니다. 고의 멸이 열반이기에 열반은 당연히 멸성제에 수렴되게 됩니다. 진리란 공간적 한계나 시대적 차이를 넘어 의연히 그 힘이 작용되어야 합니다. 만일 진리가 시간과 공간에 따라 달라진다면 그것은 진리가 될 수 없습니다.

그동안 서구에서 진리라고 믿어오던 각종 이데올로기나 종교가 지구촌 전체에 보편적으로 통하지 않는 게 많지요. 그래서 사람들이 '진리도 상대적'이라고 이야기하지요. 그것은 그네들이 말하는 진리가 원천적으로 제한되고 불완전한 것이어서 그 한계가 드러난 것일 뿐입니다. 여기서는 진리이고 저기서는 진리가 아니라면 사실 그것은 원래 진리가 아닌 것입니다. 시공을 초월하여 보편타당성이 실제로 입증되어야 진리라 일컬을 수 있는 것입니다.

　동서고금을 두루 포용하는 불변의 진리가 사성제이고, 팔정도는 사성제에 속하는 진리입니다. 앞서 말했듯이 부처님은 〈초전법륜경〉에서 중도를 설하시고 팔정도를 설하시고 그다음에 사성제를 설하십니다. 먼저 팔정도를 설하신 것은 그만큼 팔정도에 큰 비중이 있다는 것을 말해줍니다. 그것은 팔정도가 진리이자 진리를 실현하는 길이기 때문입니다.

　사성제의 고·집·멸·도는 따로따로 이해하기보다 하나의 연결된 틀로서 보아야 합니다.[6] 고성제는 세상사 모두가 고苦라는 문제 제기입니다. 문제 제기도 중요할

6　활성 스님, 소리 셋 《불교의 시작과 끝, 사성제-사성제의 짜임새》, 〈고요한소리〉, 참조.

뿐 아니라 고가 어떻게 해서 생겨나고, 어떻게 고를 멸할 수 있는지도 똑같이 중요합니다. 우리가 고뇌하며 해결해야 할 문제가 있다면 먼저 그 문제를 주제의 자리에 놓고 그리고 그것의 원인을 살펴보는 것이 관건입니다. 왜 고가 생기고 어떻게 해서 고가 이토록 중요한 문제로 나에게 다가오는지를 제대로 알면 고를 멸하는 길 역시 찾게 될 것이기 때문입니다. 고를 멸하는 길이 팔정도입니다.

요컨대 팔정도는 사성제에 포함되는 불변의 진리입니다. 우리가 어떤 문제에 부딪쳐도, 고苦라 하든 번뇌라 하든 그 문제를 궁극적으로 해결하는 길은 언제나 팔정도라는 얘기입니다. 따라서 팔정도는 고해를 살고 있는 우리에게 당장 필요한 실용적 진리입니다.

실천해야 할 길, 팔정도

거듭 말하지만 〈초전법륜경〉의 핵심은 중도, 팔정도, 사성제입니다. 이 셋은 하나로 연결되어 있습니다. 전체를 조망하면 사성제가 되고, 그 기본 성격을 두드러지게 표방하면 중도가 되고, 그 구체적 실현을 강조하면 팔정도가 됩니다.

고-집-멸-도 가운데 앞 세 가지는 팔정도를 실천에 옮길 수 있도록 논리적으로 납득시키고 심적, 지적 준비를 갖춰주는 과정의 역할을 한다고 할 수 있겠습니다. 사성제의 시작은 우리의 현실인 고성제이고 마지막 결론은 도성제, 즉 팔정도입니다. 그런 점에서 고를 멸하는 길인 팔정도를 설하시기 위한 틀로서 사성제를 말씀하신 것이라고 볼 수도 있겠습니다.

달리 말하면 사성제는 세상사를 고苦라고 인식한

바탕 위에서 고를 벗어나려고 '나는 팔정도를 실천해야겠다.'고 자발적으로 발심하도록 하는 진리 체계라는 겁니다. 그리고 고의 원인과 고의 멸을 중심으로 세계를 인식하는 체계의 기본은 연기緣起이며 그 완성된 골격이 십이연기十二緣起입니다. 따라서 사성제는 십이연기라는 인식 체계와 팔정도라는 실천 체계, 이 둘을 기둥으로 삼아 이루어진 진리의 결집이라 볼 수 있습니다. 그러니까 팔정도는 진리이자 실천 체계입니다. '팔정도가 그대로 불교다.'라고 이해하면 사실에 가까울 겁니다.

여기서 '진리'와 불교에서 말하는 '담마'와의 관계가 어떻게 되는 것일까 하는 의문이 생길 수 있습니다. 일단 결론부터 먼저 말하면 담마는 진리를 설명하기 위해 부처님이 세우신 방편 체계입니다. 그러다 보니 담마의 범위가 광범하고 다양할 수밖에 없어서 연기緣起·

오온五蘊·육처六處·삼계三界 등등 부처님 가르침의 내용을 모두 포용합니다.

그런데 불교의 맛은 이론만 가지고는 제대로 모릅니다. 실참實參을 해야만 제대로 맛볼 수 있습니다. 실참이라 하면 무겁게 느껴질지 모르지만 지금 우리가 하고 있는 팔정도 공부를 해나가면 그런 느낌이 점점 옅어지는 것을 깨닫게 될 것입니다. 팔정도는 진리이면서 동시에 수행 방법이기 때문입니다. 팔정도는 불교의 전부라 해도 결코 과언이 아닙니다. 팔정도는 불교의 존재 의미라고도 할 수 있습니다. 불교 역사는 시대에 따라 이름을 뭐라고 표현했든 팔정도를 걸으려는 노력의 역사였습니다. 예를 들면 육바라밀[7]도 팔정도의 한 변

---

7 육바라밀六波羅蜜: 대승불교의 실천수행법. 보시布施바라밀, 지계持戒바라밀, 인욕忍辱바라밀, 정진精進바라밀, 선정禪定바라밀, 반야般若바라밀, 여섯 가지로 구성되어 있다.

형으로 대승불교에서 팔정도를 닦는 모습이었습니다. 선종에서 중시하는 선정禪定 역시 예외가 아닙니다.

만일 팔정도를 벗어난다면 비록 승복을 입었다 해도, 또 부처님 앞에 아무리 절을 많이 한다 해도 불자의 도리를 다하고 있다고 볼 수 없습니다. 요즘 '생활불교' 이야기가 많습니다만 팔정도를 떠난 생활화가 있다면 그 역시 올바른 길이 못 되고 말 것입니다. 팔정도를 떠난 공부가 있다면 그건 벌써 방향을 잃은 것이 되기 때문입니다. 따라서 생활불교라는 말은 팔정도를 생활화하는 것을 가리키는 말이어야 되겠지요. 우리가 매일매일 겪는 일상생활에 팔정도를 적용해야 한다는 뜻입니다.

불교는 처음부터 끝까지 오로지 팔정도를 실천하는 것입니다. 불교 수행을 제대로 하는 사람이라면 팔정도를 조금도 벗어날 수 없고 또 벗어나지도 않습니다.

구경 해탈·열반을 성취하신 부처님은 팔정도에서 벗어나신 적이 없습니다. 팔정도! 이것이야말로 불교의 지혜와 불교의 고귀함을 한 마디로 다 드러내는 참으로 소중한 답이고 길입니다.

이처럼 팔정도의 의의를 거듭거듭 강조하고 역설하는 데는 물론 그럴만한 연유가 있습니다. 팔정도가 부처님 가르침의 핵심임에도 불구하고 부처님 이후 팔정도는 실제 불교의 역사에서는 사실상 이름만 남고 내용은 망각되어가는 운명을 겪었기 때문입니다. 어떤 교파든 팔정도를 다 입에 올리지만 실제로 팔정도 자체에 중심을 두지는 않았습니다. 대신 각각 나름의 대체 방편을 제시해 왔습니다. 그 때문에 오늘날 팔정도에 대한 신뢰할만한 해설을 만나기가 쉽지 않습니다. 철학적 해석을 시도하는 책들은 꽤 보이는데, 대개 지말支末에 시종하거나 이론적, 추상적 담론화에 그치는 경향이 있습니다. 팔정도가 명목만 남게 되면 해탈·열반도 명목만 남게 될 수밖에 없습니다. 이것이 우리의 현재 상황이 아닐까 합니다.

우리는 팔정도, 그 길을 다시 살려내야 합니다. 그래야 부처님 원래 가르침을 되찾을 수 있습니다. 후대 해석자들에 의한 시대별 불교나 다양한 분파 불교에서 벗어나 부처님 근본 가르침으로 돌아가야 합니다. 무엇보다 부처님 가르침의 근본 메시지인 열반과 거기에 이르는 유일한 길, 팔정도를 되살려내야 합니다. 그러려면 열반과 팔정도에 대해 더 깊이 이해하고 실천하는 노력을 멈출 수 없지 않겠습니까.

4. 성팔지도聖八支道

팔정도는 빠알리어 아리야 아탕기까 막가*ariya aṭṭhaṅ-gika magga*의 역어로 성팔지도聖八支道, 즉 성스러운 여덟 항목으로 이루어진 길이란 뜻입니다. 이제 그 각 항목들을 간략히 살펴볼까요.

바른 견해 *sammā diṭṭhi*

첫째 항목이 바른 견해입니다. 바른 견해[正見]는 빠알리어로 삼마 딧티*sammā diṭṭhi*입니다. 삼마*sammā*는 '바른'이라는 뜻이고 딧티*diṭṭhi*는 닷사띠*dassati*에서 온

말로 '보다, 알다, 이해하다'라는 뜻입니다. 가령 우리가 길을 나선다고 합시다. 그때 어디로 가야 할지 정하지 않은 채 무작정 발걸음을 내디딘다면 제대로 길을 갈 수 있겠습니까? 마땅히 목적지와 방향부터 정하고 길을 나서야겠지요. 이에 해당되는 것이 바른 견해이기 때문에 팔정도에서 바른 견해가 제일 앞에 섭니다.

실천도로서의 바른 견해는 '있는 그대로'를 보는 눈을 갖추는 데서 시작됩니다. 있는 그대로 본다는 것은 근시안적이고 좁고 낮고 편중된 눈으로 자기중심으로 자기 편한 대로 세상을 보는 것이 아니라는 뜻입니다. '있는 그대로'라는 말도 여러 수준이 있을 텐데 최상의 지혜자가 궁극적으로 가능한 견해, 그것이 최고 수준의 바른 견해가 아니겠습니까. 따라서 바른 견해는 사성제四聖諦를 바르게 이해하는 것이고 사성제를 토대로 세상과 자신을 인식하는 것이라 하겠습니다. 요컨대 부처님의 깨달으신 그 눈으로, 사성제를 꿰뚫는 그 안목으로 이 세상과 인생과 자신을 바라보고 이해하는 것, 그것이 바른 견해가 될 것입니다.

사성제는 고성제苦聖諦, 집성제集聖諦, 멸성제滅聖諦, 도성제道聖諦입니다. 사성제의 '제諦'는 빠알리어로 삿짜sacca인데 '진리'라는 뜻입니다. 사성제의 첫째인 고성제는 '고苦라는 성스러운 진리'입니다. 이 세상살이가 본질적으로 또 구조적으로 괴롭고 고달프고 불만족스럽다는 겁니다. 우리 피부에 감각적으로 닿는 고통스러운 경험뿐 아니라 행복이나 만족, 최상의 성취마저도 고苦라는 겁니다. '행복감까지도 고다.' 이는 대단히 엄숙한 선언입니다. 어떤 기쁨도 영원하게 지속되지 않고 사라지고 끝나기 마련입니다. 또한 그 기쁨을 주던 조건들이 끝나는 과정 역시 대단히 허망하고 씁쓸하지요. 이처럼 즐거움 뒤에 고통스러움이 따라오니

결국은 고苦입니다.

　한때 즐거움에 취하여 만족해 마지않는 시절 인연
도 가끔 있을 수 있겠지요. 하지만 시간이 지난 뒤에
돌아보면, '그때 그 즐거움은 엄청난 에너지를 소모
하는 일이었다. 그리고 즐거움은 순간적일 뿐, 괴로움
만 깊게 남았구나.' 하고 느끼게 된다는 말입니다. 몸
과 마음이 아픈 것, 그건 고고성苦苦性입니다. 오온五
蘊으로 형성된 것을 '나, 나의 것'이라고 집착하여 겪
는 아픔이 행고성行苦性입니다. 그리고 지속되기를 바
라지만 무상하게 소멸해버려서 아픈 것이 괴고성壞苦性
입니다.[8]

　고苦가 이러하다는 사실을 깨달아 가다 보면 자연

8　"세 가지 고苦가 있다. 마음과 몸에 본유하는 고[苦苦性 dukkha
dukkhatā], 집성체集成體들의 고[行苦性 saṅkhāra dukkhatā], 변이의 고
[壞苦性 vipariṇāma dukkhatā]가 그들이다."《디이가 니까아야Dīgha
Nikāya 長部》, 33경〈합송경Saṅgīti sutta〉, III, 216쪽.

히 나름대로 성숙의 길을 걷게 됩니다. 사람이 성숙하게 되면 과거에는 못 보던 인생의 실상이 조금씩 분명해지면서 매사에 고가 보이게 됩니다. 사람의 육신도 병 덩어리인 고이고, 사람들과의 관계도 갈등 구조로 된 고이고, 늙음도 죽음도 다 고입니다. 생노병사生老病死, 애별리고愛別離苦 많이 들어본 말들이지요?

〈초전법륜경〉에서 부처님은 고성제에 대해 이렇게 말씀하셨습니다.

이것이 고라는 성스러운 진리이다. 태어남이 고苦이고 늙음이 고이고 병듦이 고이고 죽음이 고이다. 슬픔·비탄·고통·근심·고뇌도 고이다. 즐겁지 못한 것과 가까워지는 것이 고이고, 즐거운 것과 멀어지는 것이 고이며, 원하는 것을 얻지 못하는

것도 고이다. 무엇보다 다섯 가지 쌓임[五取蘊] 그 자체가 고이다.[9]

이 소식이 고라는 성스러운 진리, 즉 고성제입니다. 그런데 부처님이 이렇게 고성제를 먼저 말씀하시는 것은 우리가 경험하는 이 구조적인 고에도 시작과 끝이 있다는 것, 그리고 그러한 그 고를 어떻게 끝낼 수 있는지를 가르쳐 주시기 위해서입니다. 그러니 고가 어떻게 시작되는지부터 알아봐야겠지요.

이를 위해 부처님은 두 번째 진리인 집성제를 말씀하십니다. 부처님이 고의 원인을 조직적이고 체계적으로 파고들어 가서 그 뿌리를 보셨고, 또한 조직적이고 체계적으로 그 원인들을 하나하나 소멸시켜 나감으로

---

9 《상윳따 니까아야Saṃyutta Nikāya 相應部》, 56:11경 〈초전법륜경〉, V, 421쪽.

써 마침내 고의 근본 원인까지도 소멸시키는 데 이르실 수 있었습니다. 고의 발생과 고의 멸을 연기적緣起的으로 파악하심으로써 그것이 가능해졌습니다. 고성제와 집성제를 통하여 고를 올바르게 이해만 하면 고를 뿌리째 제거해 낼 수 있게 되는데, 그것이 멸성제이자 열반의 소식입니다. 고가 끝날 수 있다는 선언입니다. 나아가 고苦를 제거하는 길을 수행법으로 정리하면 팔정도가 되니 곧 도성제입니다.

그렇게 하여 고·집·멸·도 사성제에 대한 초보적인 이해가 이루어집니다. 아직은 확철대오廓撤大悟한 완전한 깨달음은 아닐지라도 사성제를 자기 실천 덕목으로 삼을 만큼 이해가 이루어졌다면 그것이 초보적 지혜로서의 바른 견해입니다. 우리가 여태까지 빠져 있었던 세속적 견해를 지양하고 사성제에 따라 견해를 바꾸어 나아갈 때, 우리 주변에서 일어나는 작은 현상 하나를 보아도 습관대로 보는 것이 아니라 사성제에 입각해서 보고 이해하게 되면서 바른 견해 공부가 시작되는 것입니다. 담마 공부를 본격적으로 하게 되면 바른 견해도 발전하게 되어 내가 실존하는 것인 양 믿는 유신견有身見을 확실하게 타파하게 되고, 나아가 자기완성의 경지인 아라한에 이르게 됩니다. 이처럼 바른 견해는 부처님의 안목에 의지하여 세상을 보는 범부의 초보적인 안목에서부터 아라한의 깨친 눈에 이르기까지 여러 차원이 있습니다.

바른 사유 *sammā saṅkappa*

팔정도의 두 번째 항목이 바른 사유[正思]입니다. 빠알리어로 삼마 상깝빠*sammā saṅkappa*인데, '올바

로 생각하기'라는 뜻입니다. 바른 사유는 경에 '출리
出離 nekkhamma, 악의 없음avyāpāda, 해코지하지 않음
avihiṃsā'으로 설명되어 있는데, '오욕락을 멀리하고, 성
냄을 멀리하고, 해코지할 생각을 멀리한다.'는 뜻입니다.

부처님은 먼저 바른 견해를 가져야 한다고 말씀하시
고, 그다음으로 바른 사유를 말씀하셨습니다. 이 순서
가 대단히 중요합니다. 바른 사유를 하기 위해서는 바
른 견해부터 확립되어야 한다는 말씀입니다. 바른 사
유는 바른 견해가 어느 정도 서고 거기에 맞게끔 생각
을 하면서 이루어지는 것입니다. 바른 견해가 진리인
사성제에 의지해서 사물을 보는 것이라면, 그런 바른
견해를 구체적인 생각 하나하나에 적용할 때 바른 사
유가 된다고 할 수 있습니다.

그렇게 보면 바른 사유는 담마의 언어로 모든 사물
과 현상을 생각하는 것입니다. 사유는 언어를 통해서

하는 것인데 어떤 언어로 사유하느냐가 중요합니다. 우리가 부딪치고 경험하는 현실을 부처님의 언어로 사유하고 표현할 때, 비로소 우리는 매사를 담마로 살려내고 있는 겁니다. 그렇지 못하면 현실을 단순히 명색名色, 즉 이름과 형상으로서 경험하니까 세상의 언어를 그대로 답습하게 됩니다. 그렇게 하면 바른 사유를 하기 어렵습니다. 바른 사유를 하기 위해서는 사유의 수단인 언어부터 바른 사유에 걸맞은 것이어야 합니다. 그러자면 매사를 부처님 담마의 언어로 표현하는 공부부터 닦아 나아가지 않을 수 없습니다.

또한 바른 사유의 다른 측면은 '바른 견해를 가졌으면 그다음에는 올바로 원을 세워 실천해 나가라.'는 의미입니다. 바른 사유의 '사'는 '생각 사思'를 쓰는데, '원할 사思'라고도 합니다. 즉 바른 생각이자 바른 원願입니다. 아함경 한문 번역본에서 상깝빠를 '뜻 지志'자로

써서 삼마 상깝빠를 '바른 발원, 정지正志'로 옮긴 예를 볼 수 있습니다.[10] 바른 견해를 가진 사람이라면 바른 발원을 지니게 됩니다. '나도 이롭고 남도 이로운 길'을 걸으려면 우리 생각과 행동의 계기가 되는 원願願 자체가 바른 사유에 입각해야 합니다.

그런데 이쯤에서 한 가지 짚고 넘어가야 할 것이 있는데, 전통적으로는 팔정도를 계戒·정定·혜慧 삼학三學 [三蘊]에 배대配對시키면서 바른 사유를 혜慧에 포함시킵니다. 하지만 저는 바른 사유를 혜에 한정시키지 않고 계행戒行에도 배대시킬 수 있다고 생각합니다. 바른 사유가 출리, 악의 없음, 해코지하지 않음이라면 이는 선善의 실천에 더 가깝기 때문입니다. 그렇게 되면 바

10 비구 보디Bhikkhu Bodhi는 *sammā saṅkappa*를 '바른 의도right intension'라 하는데, 〈고요한소리〉에서는 '바른 사유'라 옮긴다. 법륜 열여덟 《팔정도》, 비구 보디 지음, 전병재 옮김, 〈고요한소리〉, 참조.

른 사유는 혜와 계 양면에 걸치게 되겠지요. 뒤에 나오는 바른 노력이 계와 정에 걸치듯 말입니다. 그런데 계행은 바로 실천인 반면, 혜는 해탈·열반으로 가는 목표로서의 성격이 강합니다. 따라서 바른 사유를 신·구·의 삼업 중의 의업意業에 해당한다고 보고 계율의 범위에 넣는 것이 공부 분상에서는 더 적절하지 않을까 합니다. 한편 바른 사유는 바른 견해에 입각한 생각인 만큼 그 둘의 관계가 어떤 항목과의 관계보다 밀접하니 둘을 묶어 혜에 배대시키는 것도 타당하지요. 하지만 실천의 분상에서 보면 바른 사유를 당장 현실적 실천 과제로 생각하고, 계학戒學의 입장에서 실천하도록 노력하는 측면을 좀 더 부각시킬 필요가 있지 않을까 하는 것입니다. 정리하면 현대사회처럼 각종 사유방식이 난무하는 시대에는 바른 사유의 혜와 계, 양 측면이 모두 중요하고 특히 그 실천적 측면에 주목할 필요가 있겠습니다.

바른 말 *sammā vācā*

　바른 사유를 하는 사람이라면 악업 짓는 삿된 말은 피할 것이고, 악업을 소멸하고 완화하는 데 도움 되는 말을 하게 될 것입니다. 그것이 바른 말[正語], 삼마 와 아짜*sammā vācā*입니다. 여러분들이 많이 독송하는《천수경》에도 십악중죄十惡重罪가 있지요. 그 중의 거짓말[妄語], 꾸민 말[綺語], 이간질하는 말[兩舌], 거친 말[惡口], 이 네 가지가 삿된 말입니다.

　부처님은 '말은 마땅히 진실한 말을, 때와 장소에 맞게, 상대방이 듣기 좋도록, 간단명료하게 하라.'고 설하십니다. 바른 말이란 해서는 안 될 말과 해야 할 말

을 분명히 구분해서 하는 것이지요. 바른 말은 계행이
므로 바로 실천 분상에서 검토하면서 지켜나가야 합니
다. 내가 하지 말아야 할 네 가지 삿된 말을 하고 있지
나 않은지, 또 때와 장소에 맞게, 상대가 듣기 좋게, 장
황하지 않은 간명한 말로 진실을 말하고 있는지, 그렇
게 자기 말을 점검하면서 바로잡아 나가면 그것이 바
른 말을 실천하는 겁니다.

　자신의 습관적 말버릇을 고치려면 말 한마디라도
바르게 하려는 노력부터 시작해야 합니다. 그러면 혁명
적 변화가 따라옵니다. '말을 다스리니까 모든 것이 달
라지더라.' 하는 얘기가 나오는 것도 그 때문입니다. 바
른 말을 하면 앞으로 더 나아가기 위해, 향상하기 위해
필요한 주변 정리가 될 수 있습니다. 주변이 너무 요란
하고 복잡하니까 고요하고 차분한 마음을 누릴 수 있
는 여건을 마련하자는 것이고, 그러기 위해서는 바른

말이 필요합니다. 세상사 온갖 일들이 말 때문에 일파 만파로 파장이 일어나는 것 아닙니까. 바른 말을 하면 그만큼 내 주변이 산뜻하게 정리가 됩니다.

바른 행위 *sammā kammanta*

말과 행동은 서로 연관되어 있습니다. 바른 말을 해 나가게 되면 자연히 행동거지도 조심스러워집니다. 말 과 행동이 조심스러워지면 생활하는 태도도 차분해집 니다. 나아가 들떴던 사람이 들뜨지 않게 되고 무기력 하던 사람이 무기력하지 않게 됩니다. 들뜸과 무기력 때문에 온갖 사단이 빚어지므로 들뜨지 않고 무기력 하지 않은 것이야말로 참으로 바람직합니다. 그런 노력 을 하다 보면 자연히 집착이 가라앉습니다. 그러면 갈

애에도 덜 끄달리게 됩니다. 물건 사고 싶어 못 견디고 좋아하는 사람 만나고 싶은 욕망에 끌려가는 나, 그 나를 지배하고 혹사하는 갈애의 힘에 대한 저항력을 얻게 되는 것이지요.

당장 현실적 측면에서 생각이 들뜨게 되면 말과 행동이 들뜨게 될 것이고 그러면 그 허점을 파고들어 중생의 모든 번뇌가 마구 밀려듭니다. 반면 바른 말을 하려고 노력하다 보면 바른 행동 또한 따라오고 습관도 자연히 정돈됩니다. 그래서 바른 행위[正業]가 이루어지게 됩니다.

바른 행위는 빠알리어로 삼마 깜만따sammā kammanta 입니다. 깜마는 업이고 '의도적 행위' 전반을 뜻하지요. 깜마kamma라 하지 않고 깜만따(kamma-anta)로 표현한 것은 안따anta가 끝, 경계, 측면이라는 뜻으로 깜마의 범위가 매우 광범위하므로 그중 신·구·의 삼업으로 구체화된 측면을 뜻하는 것이 아닐까 생각합니다. 신업은 몸으로 짓는 행위를 말하고, 구업은 입으로, 의업은 마음으로 짓는 행위를 가리킵니다.

부처님이 몸으로 짓는 바른 행위는 살생하지 않고 도둑질하지 않고 삿된 성생활을 하지 않는 것이라고 말씀하십니다. 생명을 살리고 정직하게 살고 바른 성생활을 하고 악업을 짓지 않는 것이 바른 행위입니다. 업과 과보의 측면에서 행위는 해서는 안 될 행위와 해야 할 행위로 구분할 수 있습니다. 해서는 안 될 행위는 나에게도 좋지 않고 남에게도 좋지 않은 행위입니다. 해야 할 행위는 나에게도 좋고 남에게도 좋은 방향으로 하는 행위입니다. 살생과 반대로 중생을 자비로 살리고, 도둑질과 반대로 오히려 베풀고, 그리고 삿되지 않은 성생활을 한다면 그러한 행동이 바른 행위가 되겠지요. 바른 행위를 하면 주변이 맑아지고 밝아집니다.

사실 팔정도의 여러 항목들은 윤리 도덕적 면에서 우리의 상식과 별로 다르지 않습니다. 바른 말, 바른 행위, 얼마나 상식적입니까? 팔정도의 계행 항목들은 우리의 구체적인 경험 하나하나를 스스로 점검할 수 있도록 만들어주는 대단히 적절하고도 힘 있는 가르침입니다. 부처님의 이런 가르침이 오늘날 우리에게 상식처럼 들리게 된 것은 이른바 인류역사상 사대 성인들을 비롯하여 여러 선현들의 가르침이 대단히 널리 퍼져 우리 문화생활의 내실이 되어 왔기 때문입니다.

바른 생계 *sammā ājīva*

바른 생계[正命]는 빠알리어로 삼마 아아지이와 *sammā ājīva*입니다. '올바른 삶의 방식'이며 구체적으로는 올바른 생계 수단을 말합니다. 즉 삶을 영위함에 있어 올바른 방법을 취해서 다른 사람이나 생명, 더 나아가 자연까지도 해치지 않도록 애쓰는 것입니다. 따라서 바른 생계는 생활 방법과 생계 수단을 맑고 투명하게 만드는 일입니다.

그런데 출가수행자와 재가자의 바른 생계 기준은 다릅니다. 재가자들은 생활 수단을 취하되 살생, 도둑질, 삿된 음행, 음주와 마약 등을 방조하지 않는 생계 수단을 꾸려야 합니다. 예를 들면 뚜쟁이 노릇이나 점쟁이 노릇을 한다든가, 화약이나 무기를 만들고 판다든가, 도축업을 한다든가, 술 마약 장사, 스파이 노릇, 도박 등을 생업으로 삼지 말라는 겁니다. 이런 일들은 금생에 자신의 향상을 해칠 뿐 아니라 다음 생의 자기 향상을 위한 씨앗[因]을 말살하는 것이기에 스스로를 사랑하고 자신의 업을 걱정할진대 그런 일은 마땅히 하지 않아야 합니다. 이렇듯 바른 생계는 스스로 계를 파괴하지 않음은 물론 남으로 하여금 계를 파괴하도록 조장하지도 않는 것입니다. 요컨대 나쁜 업을 쌓지 않는 쪽으로 생계를 유지하라는 말입니다.

출가수행자의 바른 생계는 기본적으로 탁발 두타행[11] 의 삶을 사는 것입니다. 그런데 북방에서는 사회적, 기후적 조건 때문에 탁발행을 못 한지 오래됐습니다. 그러나 절 안에서 밥을 먹더라도 탁발 정신을 유지하도록 노력할 수는 있습니다. '우리가 탁발 두타행을 않고도 이 밥 한술 뜨는 것은 먹거리 마련을 위해 땀 흘리며 친절을 베풀어 준 분들의 보시 덕분이다. 경건하고

---

11 탁발 두타행托鉢頭陀行: 출가수행자가 무소유 계를 지키기 위해 집집마다 다니며 음식을 보시받는 행위. 두타행dhutaṅga kammaṭṭhāna 의 원뜻은 '떨쳐버리는 방법'이고 안일하고 사치스러운 마음의 때를 떨쳐 없애고 검소, 지족知足, 청정 등을 닦아 익히기 위해 의식주에서 가난과 궁핍을 감내하는 것을 말한다.

도 삼가는 마음으로 이 음식을 먹겠다.' 적어도 이런 자세는 유지해야 되겠습니다.

바른 노력 *sammā vāyāma*

이렇게 말과 행위와 생업에서 맑아지면 나를 흔들어 번뇌 망상을 일으켰던 요소들도 어느 정도 가닥이 잡힙니다. 그때야 비로소 나 자신의 내면을 성찰할 수 있는 최소한의 여지라도 얻게 됩니다. 그러기 전에는 내면 성찰이 잘 안 되기 마련이지요. 마음공부를 하려고 해도 마음이 번잡하고 할 일이 많을 때는 잘 안 되지요. 주변과 환경을 정돈하게 되면 바른 말, 바른 행위, 바른 생계가 자리 잡게 됩니다. 마음공부를 하려면 자신의 언행부터 먼저 맑히는 것이 자기 내면을 성찰하는 첩경입니다.

지금까지 본 바와 같이 팔정도의 앞부분은 견해와 생각과 말과 행동과 삶의 방식을 정화하는 노력에 대한 가르침입니다. 그렇게 노력하면 급한 불은 대강 꺼지고 주변 정리가 어느 정도 이루어집니다. 소용돌이 치던 불길은 일단 잡힙니다. 계를 지키니까 그 결과 우리의 생각이나 행동, 말버릇도 차분해질 수 있습니다. 갈등과 알력으로 점철되던 주변과의 복잡한 관계도 화합하고 평화로운 관계로 변화됩니다. 그때 비로소 자기 내면을 들여다볼 채비가 되는 것입니다.

우리가 들떠있을 때는 자기 내면을 보기 어렵습니다. 생각이 들떠있고 말이 들떠있고 행동이 들떠있는 사람이 어떻게 자기 내면을 찬찬히 들여다볼 수 있겠습니까? 울화나 조급증이 치밀어 올라오면 내면을 바라보기는커녕 온통 바깥 경계 쪽으로 쏠려 버리기 십상이지요. 그런데 팔정도의 앞의 다섯 항목이 어느 정도 자리 잡히게 되면 자기의 내면을 들여다보고 자기 분석을 할 수 있는 여지와 힘을 얻게 됩니다. 바른 견해, 바른 사유, 바른 말, 바른 행위, 바른 생계가 일정 수준에 어느 정도 자리 잡힌 사람이라야 찬찬히 자기 내면을 성찰하고, 자기의 장점과 단점을 점검해 볼 수 있게 됩니다.

그렇게 자기의 좋은 면과 나쁜 면을 알게 됩니다. 자신의 부족한 점을 알게 되어도 당황하지 않고 찬찬히 지켜보면서 선후책을 강구할 수 있게 됩니다. 그게 바른 노력[正精進]이고, 빠알리어로 삼마 와아야아마 *sammā vāyāma*입니다. 사람이 자신을 적나라하게 보기는 매우 어렵습니다. 자신의 내면을 드러내어 거울에 비춰본다는 건 쉬운 일이 아닙니다. 특히 자신의 단처를 직시한다는 것은 대단히 어려운 일입니다. 자기 단점을 어떻게든 합리화하고 미화하고 싶은 게 중생심입니다.

그런데 바른 견해, 바른 사유로부터 바른 말, 바른 행위, 바른 생계를 실천하는 노력을 하다보면 마침내 그 연장선에서 자기의 내면을 지켜볼 수 있게 됩니다. 설혹 자기 내면이 보잘것없고 부끄럽고 치사스럽다 할지라도 지긋이 지켜볼 수 있게 됩니다. 그러한 성실성 위에서라야 비로소 성급하게 변명하거나 합리화를 하려 들지 않게 됩니다. 그런 연후에 자기 성찰과 그 성찰에 상응하는 자기 개선의 노력을 체계적으로 할 수 있게 됩니다.

자기 내면을 조직적이고 체계적으로 관조하기 시작할 때 기준으로 삼는 것이 사정근四正勤[12]입니다. 사정근은 무엇인가? 경에는 '사정근이 곧 바른 노력'이라고 분명하게 언급되어 있습니다. '자신의 내면을 들여다

봐서 자신에게 있는 나쁜 점은 반드시 고치도록 노력하라, 자신이 아직까지는 물들지 않았지만 물들 위험이 있는 나쁜 경향은 단호하게 방어하라, 좋은 점이 있으면 그것을 발견해서 적극적으로 개발하고 지속 발전시켜라, 자신이 아직 갖지 못한 좋은 점들은 개발하도록 노력하라.' 이 네 가지가 사정근입니다.

'아, 나는 이러이러한 나쁜 습관을 가지고 있구나.' 하고 나쁜 점을 발견하면 어떻게든 이를 없애려고 노력해야 합니다. 또 어떤 나쁜 습관에 서서히 물들고 있다면, 여태까지 없던 나쁜 버릇이 붙기 시작한다면, 바깥의 혼탁한 분위기나 환경이 내 주변을 조여 오는 것

---

12 사정근四正勤: ① 아직 일어나지 않은 불선한 상태가 일어나는 것을 막는 노력 ② 이미 일어난 불선한 상태를 버리려는 노력 ③ 아직 일어나지 않은 선한 상태를 일으키려는 노력 ④ 이미 일어난 선한 상태를 유지하고 완전하게 만들려는 노력 《앙굿따라 니까야야 *Aṅguttara Nikāya* 增支部》, 4법집, II, 15쪽.

을 느낀다면, 그러한 것들에 대한 방어막을 치는 노력을 해야겠지요. 한편 '나는 이러이러한 면에서 좋은 습관을 가지고 있구나.' 하고 정확하게 본다면 좋은 점은 더욱 살려야 합니다. 또 '저 친구는 이러이러한 좋은 점이 있는데 나는 그 점을 못 갖추었구나.' 싶으면 그런 덕성을 개발해야지요. 이렇게 차분하게 자기를 들여다보면서 끊을 것은 끊고 개발할 것은 개발하는 노력이 바른 노력입니다.

이렇게 정직하게 자기 내면을 들여다보고 자기의 좋은 점, 나쁜 점을 객관적으로 정확하게 관찰하고 파악하기 위해서는 안정되고 차분한 마음 상태가 필요합니다. 그 때문에 바른 말을 하고 바른 행위를 하고 바른 생계를 갖추는 것이 중요합니다. 처음에는 자신의 결함이나 장점 중 큰 것만 눈에 보이지요. 하지만 자기를 차분히 들여다보는 눈이 더 발달하면 미세한 것까지도 눈에 띄게 됩니다. 이렇게 되는 것이 바로 향상입니다. 이때 가장 중요한 것은 스스로에게 얼마나 정직한가입니다.

우리 마음속의 폭풍이 멈추어 잔잔해진 다음이라야 자기 내면을 들여다볼 수 있습니다. 그렇지 않고서는 바른 노력을 하지 못합니다. 그러니까 팔정도 수행을 할 때 의욕만 앞선다고 될 일이 아닙니다. 여러분이 바른 견해, 바른 사유, 바른 말, 바른 행위, 바른 생계가 잘 안 되고 이리저리 헤매고 출렁거리고 헐떡이는 상태에 있다면 먼저 그것을 멈추고 잔잔하게 만드는 노력부터 해야 합니다. 그게 팔정도 정신입니다. 그런 다음에라야 내면 살림을 점검해 나갈 계제가 되는 것입니다. 고요한 바다의 심연을 들여다보면 파도칠 때는 전혀 몰랐던 내면의 모습들을 좀 더 명확하게 볼 수 있습니다. 자신을 보고 문제를 하나하나 고쳐나가면서 향상의 가능성을 살리는 줄기찬 노력이 바른 노력입니다. 그렇게 하면 팔정도 정신을 따르고 있는 것입니다.

요컨대 바른 노력은 계와 정, 두 측면이 있습니다. 한편으로 계행의 실천[戒學]이 되고 한편으로는 정定의 직접적 기초를 닦는 것이 되기에 정학定學에도 속하게 됩니다.

바른 마음챙김 *sammā sati*

바른 마음챙김[正念]은 팔정도의 정화精華라 불러 마땅합니다. 팔정도의 중도적 성격, 지혜의 마중물, 진리다움 등이 바른 마음챙김을 계기로 마련되기 때문입니다. 바른 마음챙김은 빠알리어로 삼마 사띠*sammā sati*입니다. 사띠는 부처님이 만들어 쓰신 불교 전유專

有의 신조어로 그 뜻은 '진실한 나아감'이라고 생각됩니다.[13] 부처님이 외도의 길에는 팔정도가 없다고 하셨지요. 외도의 수행 체계에는 바른 마음챙김이나 이에 해당될만한 요소가 빠져있다는 점을 특히 염두에 두셨기 때문이라고 생각됩니다.

팔정도 수행에서 바른 마음챙김은 어떤 역할을 할

---

13 사띠*sati*는 일반적으로 산스크리트어 '기억하다'라는 '스므르띠*smṛti*'에 어원을 둔다고 알려져 있다. 그런데 이 '기억'이라는 스므르띠가 과연 사띠의 어원일까 하는 의심을 떨칠 수 없다. 사띠는 부처님이 만들어 쓰신 불교 전유專有의 신조어라 생각된다. 그 이유는 다음과 같다. ① 어형면에서나 의미면에서도 스므르띠*smṛti*의 빠알리 파생어는 오히려 사라띠*sarati*가 아닐까 생각된다. ② 사띠는 불교 경전 중에서 가장 오래된 경전에 속하는 《숫따니빠따 *Suttanipāta*》에서도 빈번히 나온다. 《빠알리 경, 우리의 의지처》(활성 스님, 소리 스물하나, 〈고요한소리〉, 11~16쪽 참조.)에서도 언급했듯이 빠알리어는 고전 산스크리트어보다 고층古層에 속한다. 베딕 산스크리트어에 과연 사띠*sati*가 나올까, 그렇다면 스므르띠와 별개의 단어가 아닌가 한다. ③ 억설이 될지 모르지만 사띠는 sat+i가 그 어원이 아닐까 생각된다. sat는 saddhamma(참된 진리[正法]), sappurisa(眞人)의 경우처럼 '참된·진실한'의 뜻이고 i는 '가다, eti'의 어근으로 '감'이니까 사띠는 '진실한 나아감'으로 볼 수 있다.

까요? 바른 견해, 바른 사유, 바른 말, 바른 행위, 바른 생계를 갖추려고 노력할 때 어느 단계까지는 사유만으로도 도달할 수 있습니다. 사유에 의해서 반성을 하고 사유에 의해서 자기를 돌아보는 노력을 하다가 어느 단계에 가면 사유가 겉돌게 됩니다. 사유의 힘만 가지고는 도저히 수행 정진이 더 나아가지질 않고 향상이 이루어지지 않습니다. 더 깊이 정진해보려고 하는데 업장이 가로막아서 속이 시끌시끌하니 도무지 더 깊은 내면의 성찰이 이루어지지 않습니다. 그러면 어지간히 예리하고 잘 드는 칼이 아니고서는 마음의 잡초들을 베어내기가 힘들다는 것을 알게 됩니다. 바로 이럴 때 자기 마음을 좀 더 잘 가다듬는 일이 필요한데 거기에 필요한 체계적인 접근 방식이 바른 마음챙김 공부입니다. 향상을 꾸준히 이루어 나아가려면 識이나 사유에 의존하던 단계를 탈피하지 않으면 안 되는 지점에 이르게 됩니다. 바로 그런 요청에 부응하게끔 부처님이 우리에게 마련해주신 가장 큰 보물이 바른 마음챙김, 삼마 사띠입니다.

바른 마음챙김은 신身·수受·심心·법法, 사처四處를 관觀하며 챙기는 것입니다.[14] 부처님은 〈대념처경大念處經〉에서 '비구들이여, 중생의 삶을 청정하게 하고, 슬픔과 비탄을 직시하게 하고, 고통과 근심을 소멸하게 하고, 바른 방도를 얻게 하고, 열반을 실현시키는 유일한 길이 있으니 곧 사념처를 바르게 챙기는 것이다.'[15] 라고 하십니다. 신념처身念處·수념처受念處·심념처心念處·법념처法念處로 이루어지는 이 사념처를 분명하게

---

14 사념처에 관한 내용: 활성 스님, 소리 여덟 《중도, 이 시대의 길》, 〈고요한소리〉, 참조.

15 《디이가 니까야야*Dīgha Nikāya 長部*》, 22경 〈대념처경*Mahāsatipaṭṭhāna sutta*〉, Ⅱ, 315쪽; 《맛지마 니까야야*Majjhima Nikāya 中部*》, 10경 〈염처경*Satipaṭṭhāna sutta*〉, Ⅰ, 56쪽.

알고 파악하면서 잠시도 눈을 떼지 않고 응시하고 집주하는 일이 바른 마음챙김입니다.

바른 마음챙김 공부는 신념처에서 시작됩니다. 신은 '몸 신身' 자이고 빠알리어로는 까아야kāya입니다. 신身, 까아야는 바깥 세계인 색色, 루우빠rūpa와 다릅니다. 색이란 인간을 구성하는 오온인 색·수·상·행·식 가운데 색을 말합니다. 몸을 대상으로 마음챙김할 때 안의 경계로서 몸을 챙기면 그것은 신이고 밖의 경계로서 몸을 챙기면 색입니다. 색은 우리가 식識과 상想으로 인식하는 몸을 말합니다. 색色이란 우리가 있는 그대로 볼 수가 없고 기껏해야 외양만 피상적으로 보는 데 그치고 맙니다.

몸에 대한 마음챙김, 신념처 공부는 자기 몸을 있는 그대로 보는 겁니다. 즉 우리가 일상적으로 행하는 바깥 살피기를 거두어들여 눈을 안으로 돌린다는 말입니다. 안살림 살피기를 하려면 바른 마음챙김하고 바른 알아차림하는 사띠삼빠잔냐satisampajañña를 닦는 겁니다. 신념처인 자신의 몸, 까아야를 안으로 마음챙김하여 '있는 그대로' 보면 들숨날숨 호흡을 하고 행주좌와行住坐臥 어묵동정語默動靜 하는 것을 보게 됩니다. 여기서 '자기 몸, 까아야', 이것이 요점입니다.

  부처님은 우리들에게 마음챙김할 때 사념처 중에서도 신념처, 즉 몸을 무엇보다 더 자주 더 많이 항상 챙기라고 당부하십니다. 신념처를 자꾸 챙기다 보면 습관이 붙고 탄력이 생겨 항상 바른 마음챙김을 하게 됩니다. 몸을 챙기다 보면 느낌, 마음, 법, 즉 수념처-심념처-법념처도 자연스레 이어서 챙겨지게 됩니다. 몸에 대한 마음챙김을 설하신 〈염신경Kāyagatāsati *sutta*〉[16]에서 부처님은 공부의 시작부터 끝까지 자신이 호흡하는 것을 '있는 그대로' 보라고 하셨습니다.

길게 들이쉬면서 '나는 길게 들이쉰다.'고 알고
길게 내쉬면서 '나는 길게 내쉰다.'고 안다.
짧게 들이쉬면서 '나는 짧게 들이쉰다.'고 알고
짧게 내쉬면서 '나는 짧게 내쉰다.'고 안다.
'온몸을 경험하면서 들이쉬리라.'며 공부 짓고
'온몸을 경험하면서 내쉬리라.'며 공부 짓는다.
'신행身行을 가라앉히면서 들이쉬리라.'며 공부 짓고
'신행을 가라앉히면서 내쉬리라.'며 공부 짓는다.[17]

---

16 《맛지마 니까아야*Majjhima Nikāya* 中部》Ⅲ, 119경, 〈염신경 *Kāyagatāsati sutta*〉; 《염신경》, 금구의 말씀 하나, 냐나몰리 스님 영역, 현음 스님 옮김, 〈고요한소리〉 참조.

이처럼 호흡관이야말로 몸에 대해 마음챙김을 하는 데 가장 적합하다고 할 수 있습니다. 호흡은 우리가 항상 하는 것이어서 언제나 알아차릴 수 있고, 또 부지런히 노력하면 자연스럽게 '있는 그대로' 볼 수 있습니다. 호흡관 수행에는 온갖 깊고, 크고, 넓은 의미가 다 포함되어 있습니다. 호흡을 챙기면 챙길수록 거기에 따라오는 부대 이익이 굉장히 많습니다. 요컨대 호흡관은 몸에서 비롯되는 온갖 것을 '있는 그대로' 볼 수

---

17 "dīghaṁ vā assasanto dīghaṁ assasāmīti pajānāti.
dīghaṁ vā passasanto dīghaṁ passasāmīti pajānāti.
rassaṁ vā assasanto rassaṁ assasāmīti pajānāti.
rassaṁ vā passasanto rassaṁ passasāmīti pajānāti.
sabbakāya paṭisaṁvedī assasissāmīti sikkhati.
sabbakāya paṭisaṁvedī passasissāmīti sikkhati.
passambhayaṁ kāyasaṁkhāraṁ assasissāmīti sikkhati.
passambhayaṁ kāyasaṁkhāraṁ passasissāmīti sikkhati."

《맛지마 니까아야Majjhima Nikāya 中部》 119경 〈염신경Kāyagatāsati sutta〉, Ⅲ, 89쪽.

있는 효과적인 공부입니다.[18]

　여기서 잠시 호흡관에 대한 또 다른 얘기를 소개하
겠습니다. 호흡관은 부처님이 열반하실 때까지 몸소
실천하시고 강조하신 수행법입니다. 빠알리 경 중의
《맛지마 니까야야中部》 118경은 〈들숨날숨에 대한 마
음챙김 경Ānāpānasati sutta〉입니다. 한역으로는 〈안반수
의경安般守意經〉이라고 하지요. 이 경에서 부처님은 호
흡관을 거듭거듭 닦으면 사념처가 확립되고, 사념처를
거듭거듭 닦으면 칠각지七覺支[19]를 성취하게 되고, 칠각

---

18 활성 스님, 소리 스물넷 《산냐에서 빤냐로》, 〈고요한소리〉, 68~71
쪽, 참조.

19 칠각지七覺支 Satta Bojjhaṅgā: 깨달음의 일곱 가지 인자. ① 염념 sati
② 택법擇法 dhammavicaya ③ 정진精進 viriya ④ 희喜 pīti ⑤ 경안輕安
passaddhi ⑥ 정정 samādhi ⑦ 사捨 upekkhā 《상윳따 니까야야Saṃyutta
Nikāya 相應部》, 46 〈깨달음의 구성요소 상윳따Bojjhaṅga saṃyutta〉,
V, 63~135쪽; 법륜 열여섯 《칠각지》, 삐야닷시 스님 지음, 전채린
옮김, 〈고요한소리〉, 참조.

지를 거듭거듭 닦으면 혜해탈慧解脫을 성취하게 된다고 호흡관의 효능을 설하십니다.[20] 또한 부처님이 반열반에 드실 때 한 쌍의 사알라 나무 사이에 두 발을 모으시고 오른쪽 옆구리를 아래로 누우셔서 신념처를 포함하여 사념처를 마음챙김하고 알아차리시면서 열반에 드셨다는 〈대반열반경〉[21]의 서술을 상기해볼 필요가 있겠습니다.

---

20 "Ānāpānasati bhikkhave, bhāvitā bahulīkatā mahapphalā hoti mahānisaṃsā. Ānāpānasati bhikkhave bhāvitā bahulīkatā cattāro satipaṭṭhāne paripūreti cattāro satipaṭṭhānā bhāvitā bahulīkatā satta bojjhaṅge paripūrenti satta bojjhaṅgā bhāvitā bahulīkatā vijjāvimuttiṃ paripūrenti."

《맛지마 니까야야Majjhima Nikāya 中部》118경 〈들숨날숨에 대한 마음챙김 경Ānāpānasati sutta〉, III, 82쪽.

21 《디이가 니까야야Dīgha Nikāya 長部》, 16경 〈대반열반경Mahāparini-bbāna sutta〉, II, 137쪽.

다음으로 수념처를 봅시다.[22] 다시 이 몸에서 어떤 일들이 벌어지고 있는지 살피면 우선 느낌이라는 것이 일어나지요. 온갖 느낌이 다 일어납니다. 느낌을 수受, 웨다나vedanā라고 하는데 즐거운 느낌, 괴로운 느낌, 즐겁지도 괴롭지도 않은 느낌이 일어납니다. 이 느낌들이 일어나는 순간 마음챙김하여 각각 또렷이 구별해내면 두 가지 느낌이 동시에 일어나지 않으며, 이 세 가지 느낌 외에 뒤섞인 느낌 같은 것은 없다는 것을 알아차리게 됩니다. 그러나 이 느낌들을 알아차리지 못하면 감정이나 의도가 덧붙어 욕망이나 사랑, 미움, 걱정, 두려움 따위로 이어집니다.

부처님이 '일체사가 느낌에 귀결된다.'고 하셨지요. 마음챙김과 자기 제어의 힘만 빌릴 수 있으면 아무리

---

22 법륜 열둘 《염수경》, 냐나뽀니까 스님 엮음, 규혜 스님 옮김, 〈고요한소리〉, 참고.

자극적인 느낌일지라도 그것이 감정으로 발전하지 않고 '맨 느낌'에서 그치도록 할 수 있습니다. 이는 끝없는 연기緣起의 유전도 느낌의 대목에서 멈출 수 있고, 느낌에 뒤이어 갈애가 생기는 일은 없도록 만들 수 있다는 말입니다. 십이연기의 연결고리 중에서 끊어내는 작업이 가능한 대목은 느낌과 갈애 사이의 고리뿐입니다. 가령 생과 노사를 생각해 봐도 그런 고리들은 끊어낼 수 없다는 것이 자명해집니다. 이 점에서 우리는 느낌이야말로 해탈의 길에서 주요 관건임을 알 수 있습니다. 이 때문에 불교에서 전통적으로 느낌에 대한 마음챙김이 효과적인 수행 방편으로 높이 평가되어왔다고 하겠습니다. 이렇듯 느낌이 일어나고 사라지는 수념처를 면밀히 살피면 커다란 소득을 기대할 수 있습니다.

다음은 심념처입니다. 몸과 느낌을 기초로 해서 일

어나고 있는 어떤 또 다른 현상이 있는데 그게 마음의 작용입니다. 내 마음을 자꾸 살피는 훈련을 하다보면 마침내 '지금 내 마음이 탐욕의 성질[貪]을 띠고 있구나, 성내는 성질[瞋]을 띠고 있구나, 어리석음[癡]에 빠져있구나.'라고 알게 됩니다. 또 마음이 정돈되어 있는지 흐트러져 있는지, 열린 마음인지 옹졸한 마음인지도 알게 되고, 바른 집중을 계속 닦아서 상당히 높은 수준에 이른 마음인지 그렇지 못한 마음인지도 알게 되고, 마침내 제대로 해탈한 마음인지 아닌지도 알게 됩니다.[23] 이처럼 마음챙김을 하면 내 몸을 통제할 힘도 생기고, 그래서 내 안에서 일어나는 느낌이나 마음도 어느 정도 통어通御할 수 있는 계기가 마련됩니다.

하지만 부처님은 고苦의 뿌리를 완전히 뽑아내기 위해서는 지혜의 도움이 필요하다고 하십니다. 지혜를 이루려면 신·수·심을 챙기는 데에서 그치지 않고 더 나아가 담마를 챙기는 과정, 즉 법념처 공부가 반드시 필요합니다.

그렇다면 담마란 무엇인가? 담마는 부처님이 우리에게 진리를 깨우쳐 주시기 위한 조처로서 세우신 방편입니다. 그러한 담마가 우리에게 소용 닿기 위해서

---

23 **16가지 주시 대상 마음**
- 욕망이 있는 마음과 욕망을 여읜 마음 *sarāgaṃ cittaṃ-vītarāgaṃ cittaṃ*
- 성냄이 있는 마음과 성냄을 여읜 마음 *sadosaṃ cittaṃ-vītadosaṃ cittaṃ*
- 어리석음이 있는 마음과 어리석음을 여읜 마음 *samohaṃ cittaṃ-vītamo-haṃ cittaṃ*
- 정돈된 마음과 산란한 마음 *saṅkhittaṃ cittaṃ-vikkhittaṃ cittaṃ*
- (출가) 장부심과 범부의 마음 *mahaggataṃ cittaṃ-amahaggataṃ cittaṃ*
- 유상심有上心과 무상심無上心 *sauttaraṃ cittaṃ-anuttaraṃ cittaṃ*
- 집중에 든 마음과 집중에 들지 못한 마음 *samāhitaṃ cittaṃ-asamāhitaṃ cittaṃ*
- 해탈한 마음과 해탈하지 못한 마음 *vimuttaṃ cittaṃ-avimuttaṃ cittaṃ*

《맛지마 니까야*Majjhima Nikāya* 中部》, 10경 〈염처경*Satipaṭṭhāna sutta*〉, Ⅰ, 59; 《디이가 니까야*Dīgha Nikāya* 長部》, 22경 〈대념처경*Mahāsatipaṭṭhāna sutta*〉, Ⅱ, 299쪽; 활성 스님, 소리 여덟 《중도, 이 시대의 길》, 〈고요한소리〉, 참조.

는 담마를 잘 공부해서 이용할 수 있어야 합니다. 담마는 의意를 통해서 압니다. 안眼·이耳·비鼻·설舌·신身·의意 육내처 가운데 여섯 번째 의가 색色·성聲·향香·미味·촉觸·법法의 육외처六外處 가운데 여섯 번째인 법, 담마에 상응합니다. 의意의 대상이 담마입니다. 여기서 부처님이 여섯 번째를 강조하시는 점에 유의해주기 바랍니다. 부처님이 여섯 번째로 의를 추가하심으로써 인간과 진리와의 특별한 관계성을 명확히 드러내셨습니다. 바로 이것이 '사람은 의를 가진 존재'[24]라는 불교 특유의 인간관입니다.

신·수·심 공부로 안과 밖이 파악되면 그다음 할 일은 법념처 공부입니다. 법념처를 닦는 단계는 오개五蓋, 오취온五取蘊, 육처六處, 칠각지七覺支, 팔정도八正道

---

24 활성 스님, 소리 열여덟 《의를 가진 존재, 사람-불교의 인간관》, 〈고요한소리〉, 참조.

입니다. 그 첫 단계는 우리 공부를 방해하는 온갖 오염 요인들부터 면밀하게 들여다보는 겁니다. 다섯 가지 장애[五蓋], 즉 감각적 욕망*kāmacchanda*, 악의*vyāpāda*, 해태와 혼침*thīnamiddha*, 들뜸과 회한*uddhaccakukkucca*, 의심*vicikicchā*을 색출해서 뽑아내야 하는 겁니다.[25] 그러려면 다섯 가지 장애를 관觀하여 '있는 그대로' 여실히 보아야 합니다. 이렇게 알아차림을 지속적으로 집주하면 미혹에서 생기는 장애들을 제거해 낼 수 있습니다.

이에서 더 나아가 색色·수受·상想·행行·식識 오취온五取蘊을 관함으로써 이들 오취온의 가합假合을 나의 실존으로 믿고 있는 유신견有身見을 타파하게 됩니다. 안의 경계에 대한 미혹을 제거하게 되는 거지요.

뿐만 아니라 여기서 그치지 않고 안眼·이耳·비鼻·설

---

25 법륜 아홉 《다섯 가지 장애와 그 극복 방법》, 냐나뽀니까 스님 편역, 재연 스님 옮김, 〈고요한소리〉, 참조.

舌·신身·의意, 내육처內六處를 통해 지각하게 되는 색色·성聲·향香·미味·촉觸·법法, 외육처外六處를 관함으로써 이 외육처가 이루는 바깥 경계를 실존하는 것으로 오해·착각하고 있는 자신을 깨닫게 되면 바깥세상이라는 환幻을 타파하고, 그 환이 우리를 빈틈없이 묶어 우리로 하여금 헤어날 길 없는 결박으로 번뇌에 매이게 만들고 있다는 사실을 깨닫게 됩니다. 다시 말하면 내육처와 외육처가 식과 결합하여 우리를 세상살이라는 번뇌 구덩이에 몰아넣고 있다는 사실을 확실히 알게 되는 거지요.

다음으로 칠각지七覺支를 닦는 겁니다. 칠각지는 염각지念覺支, 택법각지擇法覺支, 정진각지精進覺支, 희각지喜覺支, 경안각지輕安覺支, 정각지定覺支, 사각지捨覺支입니다. 칠각지의 시작이 염각지念覺支, 즉 바른 마음챙김입니다. 칠각지를 한 단계 한 단계 밟아 지혜의 눈을 밝혀나가는 겁니다. 칠각지 공부는 우리로 하여금 사성제四聖諦 진리를 파지할 수 있게끔 눈을 띄워 줍니다.

이어서 팔정도 공부입니다. 팔정도 중에서도 특히 중요한 것은 바른 마음챙김의 역할입니다. 바른 마음챙김을 통해서 담마를 보는 눈이 열리게 되니까 자연히 우리에게 지혜가 생겨나게 됩니다. 또 그런 바른 마음챙김이 바른 집중을 도우면 심해탈心解脫에 그치지 않고 혜해탈慧解脫까지 이루어 내어 마침내 열반涅槃 nibbāna에 이르게 됩니다.

여러분, 팔정도 공부를 시작하기는 했지만 초보적인 바른 견해와 바른 마음챙김 사이에서 맴돌기 일쑤입니다. 바른 마음챙김을 하려면 자기를 돌아봐야 하는데, 돌아보니까 온통 헐떡거림투성이이고 탐·진·치 삼독심이 우글거립니다. 마음챙김을 하다 보면 마음이라는 것이 종잡을 수 없이 이리저리 달아나 버리는 걸 알 수 있지요. 그럴수록 짜증내거나 절망하지 말고, '망상이 일어나는구나, 망상이 이렇게 전개되는구나.' 하고 '지켜보는 힘'을 키우는 계기로 삼아야 합니다. 바른 마음챙김하는 노력을 계속하면 자기 마음과 담마를 챙기는 힘이 강화되어 갑니다. 그런데 자기의 습기習氣에 따라 사유하면서 나름대로 자기 향상을 위해 노력하기는 했지만 더 이상 나아가지 못하고 막힐 때가 있습니다. 상온想蘊과 행온行蘊, 두 온이 극성한 상태이기 때문입니다. 이런 상태로는 시작 단계의 바른 견해도 바른 마음챙김도 모두 제대로 되질 않습니다. 그럴 때일수록 팔정도 정신에 따라 자신이 지금 체계적으로 수행하고 있는지 점검할 필요가 있습니다.

초심자들이 상想을 조복받는 일이 쉽지 않은 건 오히려 당연합니다. 그러나 이에 대한 대책이 팔정도에 마련되어 있습니다. 호흡에 의식을 집중한다든가 사무량심四無量心[26]을 닦는다든가 하는 마음챙김 공부가 그 길입니다. 신·수·심·법, 사념처 공부를 지어나가면 상想과 식識을 조복받는 일이 자동적으로 진행되게 됩니다. 그래서 자고로 바른 마음챙김의 본래 기능이 상想과 상의 확산[戱論 papañca]을 제어 통제하여 마음을 조복받는 것이라고 일컬어지게 되었겠지요.[27]

여러분, 올바른 방향으로 팔정도에 접근하려 할 때 자慈·비悲·희喜·사捨, 사무량심을 닦는 노력 역시 매우 큰 도움이 됩니다. 사무량심을 닦는 훈련은 내면을 더 깊이 돌아볼 여유와 능력을 갖게 만듭니다. 사무량심

---

26 보리수잎 다섯 《거룩한 마음가짐, 사무량심》, 냐나뽀니까 지음, 강대자행 옮김, 〈고요한소리〉, 참조.

27 법륜 스물넷 《마음챙김의 힘》, 냐나뽀니까 스님 지음, 황금중 옮김, 〈고요한소리〉, 참조.

을 닦으며 바른 말·바른 행위·바른 생계를 행하는 노력을 하면 바른 노력과 바른 마음챙김 공부의 기초가 탄탄히 잡히게 됩니다.

뒤에 다시 보겠지만 사무량심의 사捨, 우뻬카 *upekkhā*는 평온인데 '4선四禪의 경지에서 오는 평온'과 하나로 연결됩니다. 평온이 바른 마음챙김을 청정하도록 돕고 바른 마음챙김이 평온의 청정을 도와 완성에 이르도록 서로 돕는 상생相生 상승相乘 과정이 반복되고 지속된다는 뜻입니다. 그러니까 바른 마음챙김의 염처인 신·수·심·법, 사념처가 자·비·희·사, 사무량심과 융합하면 중도의 완성을 돕게 되는 겁니다.

이 세상에서 가장 어려운 것이 자기 마음을 자유자재하게 운전하는 것입니다. 그 과제를 감당하는 것이 바른 마음챙김입니다. 바른 마음챙김은 바른 마음 운전입니다. 목표를 지향해 나아감에 있어서 자세가 흐트러지지 않도록 마음을 챙기는 일이 급선무입니다. 방심하면 잠깐 사이에 온갖 생각들이 물밀듯 밀고 들어와 그 자리를 차지해 버립니다. 공부하려고 애쓰면 망상분별이 더욱 죽 끓듯이 끓습니다. 그게 망상의 본성입니다. 잠시라도 틈이 나면 망상이 들어와 나의 운전대를 채어가 버리니까 틈을 주지 않아야 하는데, 애쓰다 보면 애쓰는 자체가 마음을 사로잡아 버릴 수 있으므로 평상심을 잃지 않고 유지하도록, 즉 운전대 잡기를 놓지 않아야 합니다. 그걸 '항상 마음을 바로 챙기다, 사다 사또*sadā sato*'라 합니다.

사다*sadā*는 '항시, 항상, 언제나'의 뜻이지요. 부처님이 '사다 사또'라 하신 것은 지속적으로 마음을 챙기라고 강조하신 말씀입니다. 이런 마음챙김은 일상생활이나 수행에서 더할 나위 없이 필요합니다. 경전에서도 바른 마음챙김은 많으면 많을수록 좋다고 하십니다.

많을수록 좋다는 말은 얼핏 보면 중도 정신에 어긋날 것 같지만 바른 마음챙김이 중도를 챙기고 강화시키기 때문에 많을수록 좋다 하신 것입니다. 진정 많을수록 좋다고 부처님이 언급하신 것은 복福과 그리고 바른 마음챙김입니다.

팔정도에서 바른 마음챙김이 빠진 향상도向上圖를 그려낼 수 있겠습니까? 사띠의 본령은 우리를 해탈·열반으로 나아가게 하는 향상성에 있습니다. 팔정도 앞부분의 여섯 항목 그 자체만으로는 우리의 마음이 바깥 세계로 향하기 쉽습니다. 그에 반해 바른 마음챙김, 특히 그중에서도 신념처 수행은 우리의 의식을 자기 내부로 돌리는 계기를 마련합니다. 그리하여 신·수·심·법, 사념처 공부를 더 깊이 심화시켜 나갈 수 있습니다. 거듭 말하지만 사념처의 신념처는 바깥 세계인 색色을 말하는 것이 아니라는 점을 꼭 유념해야 합니다.

자신의 몸을 안으로 수관隨觀하면서 거기에서 일어나는 느낌과 마음 작용을 면밀히 있는 그대로 살펴나가는 것입니다. 그러면 마침내 법념처로 이어지게 됩니다.

여기서 우리는 '자신에 의지하고 담마에 의지하라.'[28]는 부처님의 간곡하신 가르침을 실천하고 있음을 깨닫게 됩니다. 부처님은 우리 자신의 몸, 자신의 느낌, 자신의 마음, 그리고 담마를 마음챙김하라고 말씀하셨지요. 사념처를 바른 마음챙김할 때 비로소 '자신을 섬으로 삼고, 담마를 섬으로 삼으라.', 한역에서는 '자등명自燈明 법등명法燈明하라.'고 부처님이 당부하신 의

---

28 "자신을 섬으로 삼고 자신을 귀의처로 삼아 살고, 남을 귀의처로 삼아 살지 말라. 법을 섬으로 삼고 법을 귀의처로 삼아 살고 다른 것을 귀의처로 삼아 살지 말라. *attadīpā viharatha attasaraṇā anaññasaraṇā, dhammadīpā dhammasaraṇā anaññasaraṇā.*"《디이가 니까야*Dīgha Nikāya 長部*》, 16경 〈대반열반경大般涅槃經 *Mahāparinibbāna sutta*〉, Ⅱ, 100쪽.

미가 생생하게 살아나 실천됩니다. 그리하여 신·수·심·법, 사념처에 입각한 바른 마음챙김 공부를 통해 중도가 완성되고 혜를 터득하게 됩니다. 이처럼 바른 마음챙김, 삼마 사띠는 중도와 특별한 관계에 있는 겁니다.

뿐만 아니라 바른 마음챙김은 팔정도를 실답게 다져줍니다. 〈위대한 마흔 경*Mahācattārīsaka sutta*〉[29]에서 보듯이 바른 마음챙김[正念]-바른 견해[正見]-바른 노력[正精進]이 바른 견해[正見], 바른 사유[正思], 바른 말[正語], 바른 행위[正業], 바른 생계[正命]의 항목 각각을 감싸 돌아 실답게 하고 중도에 입각하도록 자리 잡아 주니까요. 이제 사념처를 바르게 마음챙김하는 것이 열반을 실현시키는 유일한 길이라는 부처님의 말씀이 좀 더 가까이 다가오지 않습니까.

---

29 《맛지마 니까아야*Majjhima Nikāya* 中部》, 117경.

정리하자면 바른 마음챙김은 다음 세 가지 공능이 있습니다. 첫째로는 항상 마음을 바로 챙기는 '사다 사또sadā sato'의 '항상성恒常性', 둘째로는 '바른 마음챙김sammā sati'에서 '삼마sammā', 즉 바른쪽을 지시하는 '방향성', 셋째로는 '사띠sati'의 '향상성'입니다. 바른 마음챙김의 이 세 공능에 의해 팔정도가 우리 인생살이의 기반이 되는 겁니다. 요컨대 바른 마음챙김 수행을 하면 마침내 담마 공부, 지혜 공부를 본격적으로 지어 나갈 수 있는 힘이 생깁니다.

바른 집중 *sammā samādhi*

팔정도 중의 마지막 항목인 바른 집중[正定]을 봅시다. 빠알리어로는 삼마 사마아디*sammā samādhi*입니다. 부처님은 바른 집중이 네 가지 선[四禪]이라고 하십니다.

여기서 선禪은 색계 4선으로 초선, 2선, 3선, 4선을 말합니다. 그에 비해 정定은 무색계정까지 포함하므로 그 범위가 훨씬 더 넓습니다. 선은 빠알리어 자아나*jhāna*의 음역이고, 정定은 삼매三昧라고 하는데 빠알리어 사마아디*samādhi*의 음역이지요. 흔히 선과 정을 구분하지 않고 선정禪定이라는 말을 쓰는 경우도 있지만 선정은 선禪이라는 정을 특정해서 지칭하는 것이라고 구분해서 이해해 둘 필요가 있습니다. 정定은 삼계三界의 정에 두루 쓰일 수 있지만 선禪은 색계의 정을 말합니다.[30]

사마아디, 집중에는 바른 집중이 있고 그릇된 집중이 있습니다. 그릇된 말, 그릇된 행위가 흉기가 될 수 있는 것과 마찬가지로 그릇된 마음챙김 역시 무서운 무기입니다. 부득부득 이를 갈면서 증오심에 불타는 일념이라면 그건 참 흉악하겠지요. 집중 역시 바른 집중이 아닐 때는 크게 위험합니다. 집중된 마음의 힘이

30 3계界 26천天

3계 (三界)	**무색계** (無色界)		비상비비상처천(非想非非想處天 nevasaññānāsaññāyatanūpagā devā) 무소유처천(無所有處天 ākiñcaññāyatanūpagā devā) 식무변처천(識無邊處天 viññāṇañcāyatanūpagā devā) 공무변처천(空無邊處天 ākāsānañcāyatanūpagā devā)	
	색계 (色界)	**사선천** (四禪天)	색구경천(色究竟天 akaniṭṭhā devā) 선견천(善見天 sudassī devā) 선현천(善現天 sudassā devā) 무열천(無熱天 atappā devā) 무번천(無煩天 avihā devā)	오정거천 (五淨居天)
			무상유정(無想有情 asaññasattā) 광과천(廣果天 vehapphalā devā)	
		삼선천 (三禪天)	변정천(遍淨天 subhakiṇṇā devā) 무량정천(無量淨天 appamāṇasubhānā devā) 소정천(小淨天 parittasubhānā devā)	
		이선천 (二禪天)	광음천(光音天 ābhassarānā devā) 무량광천(無量光天 appamāṇābhānā devā) 소광천(小光天 parittābhānā devā)	
		초선천 (初禪天)	대범천(大梵天 mahābrahmā devā) 범보천(梵輔天 brahmapurohitā devā) 범중천(梵衆天 brahmakāyikā devā)	
	욕계천상 (欲界天上)		타화자재천(他化自在天 paranimmitavasavattino devā) 화락천(化樂天 nimmānaratī devā) 도솔천(兜率天 tusitā devā) 야마천(耶摩天 yāmā devā) 삼십삼천(三十三天 tāvatiṃsā devā) = 도리천 사천왕천(四天王天 catumahārājikā devā)	

※ 여기서 주목할 점은 색계정에서는 천天을 바로 이야기하는데 반해 무색계정의 경우에는 처處 āyatana가 반드시 들어간다는 점이다. 아아야따나는 처處 또는 입이라 한역되는데 이 번역들은 상想의 개입을 가리키고 있다는 것이다. 《맛지마 니까야Majjhima Nikāya 中部》, 41경 〈사알라의 바라문들 경Sāleyyaka sutta〉, I, 289쪽과 PTS 영역 《장부》의 역자, 엠 오 시 월슈M. O'C. Walshe의 서문 39쪽, 참조.

원체 강하기 때문에 그것이 그릇된 집중이라면 그 부정적 영향은 이루 말할 수 없겠지요.

샤먼들의 힘도 집중에서 나오지요. 무당이 굿할 때 시퍼런 작두날에 올라서고 춤도 추는데 몸 하나 상하지 않지요. 작두 위에 올라서면 베어져야 마땅합니다. 그게 중력에 지배되는 자연에서의 법칙인데 그런 법칙을 이겨내기도 하는 엄청난 힘이 집중에 있습니다. 이러한 집중은 꽤 깊은 정신세계이기 때문에 유혹적인 면이 있습니다. 집중하여 정定에 들면 즐겁습니다. 어떤 정이든 일단 정의 맛을 보게 되면 그 유혹에서 벗어나기 어려울 수밖에 없습니다. '이건 잘못된 정이야.' 하고 뿌리쳐버리는 일이 결코 손쉬울 수 없겠지요.

요즘 인도 요가가 많이 소개되면서 그저 정定이면 만사형통인 줄 알고, 어떻게 하면 인도 요기들처럼 정을 할 수 있을까 선망하지요. 특히 인도에는 요가 기반의 정 대가가 많습니다. 정定 지상주의는 인도에도 있었고 티베트에도 있었고 중국이나 한국에도 있었지요. 그런데 바른 견해와 바른 마음챙김이 없는 정定, 이건 향상 공부를 저해할 수 있어 위험합니다. 그러니 참선이니 명상이니 하고 뛰어들기 전에 팔정도 정신을 제대로 이해해야 합니다.

그러면 바른 집중, 정정은 구체적으로 무엇인가? 지속적으로 바른 마음챙김을 하면 바른 집중을 이루게 됩니다. 바른 집중은 초선初禪, 2선二禪, 3선三禪을 거쳐 4선四禪을 이루어 나아가는 것을 말합니다. 부처님이 〈염신경〉[31]에서 네 가지 선에 관해 다음과 같이 말씀하십니다.

---

31 《맛지마 니까야야*Majjhima Nikāya* 中部》, 119경 〈염신경*Kāyagatāsati sutta*〉, Ⅲ, 92~95쪽; 《염신경》, 냐나몰리 스님 영역, 현음 스님 옮김, 〈고요한소리〉 참조.

그가 이와 같이 방일하지 않고 열심히 결연하게 살고 있으면 마침내 저 세속에 얽힌 기억과 생각들이 사라진다. 그런 것들이 사라지기 때문에 마음은 안으로 안정되어 고요해지고 전일해져 집중을 이루게 된다. 비구들이여, 바로 이와 같이 비구는 '몸에 대한 마음챙김'을 익힌다.

다시 비구들이여, 비구는 모든 애욕을 떨치고 모든 좋지 못한 가치[不善法]들을 떨쳐버리고 생각의 일어남[尋]³²과 생각의 지속[伺]³³이 있는 채로 떨쳐버림에서 생긴 희열[喜, *pīti*]과 행복감[樂, *sukha*]을 특징으로 하는 초선初禪을 성취하여 거기에 머문다.

---

32 생각의 일어남[尋 *vitakka*]: 사유 과정의 시발 단계.

33 생각의 지속[伺 *vicāra*]: 일단 일어난 생각이 지속되고 있는 과정. 심尋과 사伺는 주로 합성어로 쓰이는데, 논서에서 심尋은 종을 쳐서 소리가 나는 것에, 사伺는 종이 계속 울리는 여운에 비유하고, 또 심은 벌이 꽃을 향해 날아가는 것에, 사는 벌이 윙윙거리며 그 꽃을 맴돌고 있는 것 등으로 비유한다. 초선에서 심은 마음을 거듭 염처에 데려오는 역할을 하고, 사는 그것을 고정시켜 닻을 내리게 하는 과정이다. 따라서 사는 심보다 더 미세하고 깊다.

다시 비구들이여, 비구는 생각의 일어남과 생각의 지속을 가시게 하여 내면의 고요함과 마음의 전일성이 있는, 생각의 일어남과 생각의 지속이 없는, 집중에서 생긴 희열과 행복감을 특징으로 하는 2선二禪을 성취하여 머문다.

다시 비구들이여, 비구는 기쁨을 떨치고 바른 마음챙김[正念]과 바른 알아차림[正知]을 하여 평온[捨 upekkhā]에 머문다. 아직도 몸으로는 행복감을 경험하면서 성자들이 '평온을 이루어 마음챙김하며 행복하게 머문다.'고 일컫는 바, 3선三禪을 성취하여 머문다.

다시 비구들이여, 비구는 행복감을 떠나고 괴로움도 떠나고, 그 이전에 이미 기쁨과 슬픔은 여의어서 불고불락不苦不樂인 그리고 평온[捨]에 기인한 마음챙김의 청정함이 있는 4선四禪을 성취하여 머문다.

앞서 언급한 사무량심의 사捨, 평온은 바른 마음챙김에서의 법념처의 칠각지七覺支 중 사각지捨覺支[34]와 같은 것일 뿐만 아니라 바른 집중의 3선과 4선에도 다시 나타납니다. 부처님은 3선에 들면 '평온을 이루어 마음챙김하며 행복하게 머문다upekkhako satimā sukhavihārī.'라고 말씀하십니다. 그리고 4선에 들면 '평온에서 오는 마음챙김의 청정함upekkhā sati pārisuddhi'으로 팔정도가 완성된다고 하십니다. 다만 췌언이 되겠지만 '빠아리숫디pārisuddhi'는 보통 청정으로 번역

---

34 "비구들이여, 여기 비구는 자애와 함께하고, … 연민과 함께하고, …기쁨과 함께하고, … 평온과 함께하고, 떨쳐버림을 의지하고 탐욕의 빛바램을 의지하고 소멸을 의지하고 철저한 버림으로 기우는 마음챙김이라는 깨달음의 구성요소[念覺支]를 닦는다. … 택법각지 … 사각지를 닦는다. ' … 마음챙겨 알아차리면서 평온하게 머물리라.'라고 원하며 그는 거기서 마음챙기고 알아차리면서 평온하게 머문다."《상윳따 니까야야Saṃyutta Nikāya 相應部》, 46:54 〈자애와 함께함 경Mettāsahagata sutta〉, 참조.

하는데 저는 '두루, 널리, 보편적으로'를 뜻하는 '빠아리*pāri*'에 주목하여 빠아리숫디를 마음챙김과 평온이 서로 청정하게 만드는 과정의 상승 심화 단계로 이해하고 싶습니다. 또 한 가지 주목할 점은 평온이 사무량심, 칠각지, 팔정도 모두에서 최종 단계의 자리를 차지한다는 것입니다.

바른 집중이 되기 위해서는 필수조건으로서 바른 마음챙김이 선행되어야 합니다. 그래서 팔정도에서 바른 집중이 바른 마음챙김 바로 다음에 놓입니다. 바른 견해와 바른 마음챙김을 통해 자라나는 자기 점검력이 있어야만 집중도 바르게 이룰 수 있습니다. 올바로 마음을 챙겨야 자기 점검 능력이 깊어져 올바른 방향으로 바른 집중을 할 수 있기 때문입니다. 내가 가진 견해가 옳은지 그른지, 내가 지금 하고 있는 노력이 옳

은 방향인지 아닌지, 또 내가 하고 있는 집중 공부가
바른지 그른지를 판단할 수 있는 잣대와 힘이 생깁니
다. '자신을 의지하고 담마에 의지하라!'는 부처님 말
씀을 되새기며 스스로 점검하는 힘을 키워야 합니다.
그러고서 바른 집중으로 밟아 들어가는 것이 마땅합
니다. 거듭 말하건대 바른 마음챙김만 제대로 하면 바
른 집중에 든다고 하겠습니다. 그렇게 해서 부처님 담
마 만난 은혜로 바른 집중을 제대로 누려야 합니다.

이제 바른 집중과 지혜의 관계에 주목해봅시다. 부
처님이 수행의 길에 들어 맨 처음 찾아가신 분이 아알
라아라 까알라아마와 웃따까 라아마뽓따라는 얘기는
이미 익히 들으셨지요. 그런데 부처님은 그들에게서 정
定의 최상단계로 일컫는 무소유처정無所有處定과 비상
비비상처정非想非非想處定을 배워보시고는 그들을 떠나
십니다. 최고로 높다고 하는 정 공부를 이루어 마침내

마음이 더없이 높고 자유로운 심해탈의 경계에 이르렀는데도 지혜의 눈은 여전히 열리지 않아 혜해탈이 이루어지지 않더라는 것입니다. 열반을 이루려면 지혜가 꼭 필요한데 말이지요. 그래서 부처님이 무색계정을 버리시고 고행을 시작하시게 되었던 겁니다.

다시 말해 그 스승들의 가르침에는 지혜와 혜해탈, 즉 열반으로 이끄는 길이 없었고, 따라서 출가수행의 가장 큰 목표인 열반을 이룰 수 없다고 보셨기 때문이지요.[35] 그러면 그들의 가르침에는 어떤 면이 빠져 있었기 때문일까요? 결론적으로 말하면 그들에게는 바

---

35 "이와 같이 알고 이와 같이 보는 그는 감각적 욕망의 번뇌로부터 마음이 해탈합니다. 존재의 번뇌로부터 마음이 해탈[心解脫]합니다. 무명의 번뇌로부터 마음이 해탈[慧解脫]합니다. 해탈했을 때 해탈했다는 지혜가 있습니다. '태어남은 다했다. 청정범행은 성취되었다. 할 일을 다해 마쳤다. 다시는 어떤 존재로도 돌아오지 않을 것이다.'라고 꿰뚫어 압니다. *Tassa evaṃ jānato evaṃ passato kāmāsava'pi cittaṃ vimuccati, bhavāsavā'pī cittaṃ vimuccati, avijjāsavā'pi cittaṃ vimuccati.*

른 마음챙김에 의해서 인도되는 바른 집중이 없었기 때문입니다. 생각건대, 부처님은 그들이 분명히 정定의 대가들이었지만 정에 그칠 뿐 정을 초극하는 데까지는 이르지 못했다고 보신 것이 아닐까 합니다. 무색계의 정은 깊은 정이기는 하지만 그 상태가 항상 유지될 수 있는 것은 아니고 그런 수행으로는 지혜를 얻지 못한다고 보셨겠지요. 이 말을 뒤집어 생각하면 지혜가 열리려면 마음챙김의 지속성이 반드시 요청된다는 뜻입니다. 이 지속성을 제공하는 것이 앞에 말한 사다 사또, 즉 항상 하는 바른 마음챙김입니다. 그러니까 부처

Vimuttasmiṃ vimuttamiti ñāṇaṃ hoti. Khīṇā jāti, vusitaṃ brahmacariyaṃ, katam karaṇīyaṃ nāparam itthattāyāti pajānāti"

인용된 이 말씀은 감각적 욕망을 벗어나 심해탈에 들 수 있지만, 무명에서 벗어나야 혜해탈·열반에 들 수 있으며 부처님의 가르침에만 무명에서 벗어나 해탈·열반으로 가는 길이 있다는 뜻이다. 《디이가 니까야아*Dīgha Nikāya* 長部》, 2경 〈사문과경*Sāmaññaphala sutta*〉, I, 84쪽, 참조.

님은 바른 마음챙김에 의해서 인도되는 바른 집중이라야 지혜와 혜해탈을 거쳐 열반에 이른다고 보신 것으로 이해됩니다. 부처님이 '정定을 버리라.'고 하신 게 아니라 '바른 집중, 정정正定을 하라.'고 말씀하신 겁니다. 그리고 '바른 집중을 하려면 바른 마음챙김을 먼저 하라.'고 하셨습니다.

한 가지 더 생각할 점은 네 가지 선은 색계정色界定을 말한다는 겁니다. 바른 집중을 통해 경험하게 되는 세계가 중도인 색계色界 4선四禪입니다. 색계色界는 욕계欲界, 무색계無色界와 더불어 삼계三界를 이루지 않습니까? 삼계론은 불교 특유의 우주관입니다. 어떻게 해서 그런 단정을 내릴 수 있는가 묻는다면, 그 이유는 색계 4선이 바른 집중이고 바른 집중은 팔정도의 마지막 항목인데 팔정도는 부처님에 의해 비로소 발견되어 나타난 것이니까 부처님 이전에는 욕계와 무색계의 일부만 있었지 삼계가 온전하게 거론될 수 없었다고 보기 때문입니다. 그러니 욕계, 색계, 무색계의 설정은 부처님의 독창적인 창조라고 보아야 합니다. 색계정과 달리 앞의 두 스승이 가르친 무소유처정과 비상비비상처정은 공무변처정空無邊處定, 식무변처정識無邊處定과 합해서 무색계를 이룹니다.[36] 공무변처정과 식무변처정이 불교 이전에도 거론되었는지 모르겠지만 만일 거론되지 않았다면 공무변처와 식무변처를 첨가하여 무색계정을 보완해서 삼계 구도를 이루어내신 것도 부처님의 의도의 산물이라 볼 수 있지요. 그리되면 삼계론이 불교에서 갖는 의미랄까 비중도 한결 커진다고 할 수 있습니다. 따라서 중도와 삼계의 관계에 대해서 더 깊은 숙고가 필요합니다.

---

36 3계界 26천天, 이 책의 주30 참조.

부처님이 말씀하신 삼계를 단순히 순서대로 '욕계 위에 색계 그 위에 무색계가 있다.'고 한다면 그런 식으로는 단지 정定의 깊이를 논하는 수준에서 그치기 쉽습니다. 아무리 깊은 정이라 해도 무색계정에는 혜해탈·열반으로 가는 지혜가 열리는 길을 제시하는 메시지가 없다는 사실을 주목해야 합니다. 욕계는 욕망의 세계로서 우주의 한 변이고, 무색계는 공·무에 치우친 한 변입니다. 색계는 이 양변을 초극하는 중도계라고 하겠습니다.[37] 다시 말해 색계 4선에서 지혜가 완성되고 혜해탈이 이루어집니다. 그리고 그로 인해 비로소 열반이 가능해집니다. 이런 소식을 담은 것이 '중中의 걸음*majjhimā paṭipadā*, 중도'입니다. 저는 부처님이 시설하신 삼계론은 중도를 거시적 차원에서 설명하신 것이라 봅니다.

---

[37] 활성 스님, 소리 열《과학과 불법의 융합》, 〈고요한소리〉, 참조.

〈대반열반경〉[38]에 보면 부처님이 열반에 드실 때 색계의 초선에 들고, 2선, 3선, 4선, 그리고 무색계의 공무변처정, 식무변처정, 무소유처정, 비상비비상처정, 상수멸정에 드셨다가 다시 비상비비상처정, 무소유처정, 식무변처정, 공무변처정을 거쳐 색계의 4선, 3선, 2선, 초선으로 내려오셨다가, 거기서 다시 또 2선, 3선을 차례로 거쳐 색계 4선에서 바로 열반에 드십니다. 그것이 부처님이 중도를 시현해 주신 해탈·열반의 길입니다.

간단없이 바른 마음챙김하는 노력이 마침내 순일한 단계에 들어갔을 때 바른 집중에 도달합니다. 마음이 오로지 하나에 가 있어 다른 잡념이 없는 순일무잡의 상태가 됩니다. 한 생각이 그대로 오롯하게 지

---

38 《디이가 니까야야*Dīgha Nikāya* 長部》, 16경 〈대반열반경*Mahāparini-bbāna sutta*〉, II, 156쪽.

속되는 바른 집중은 정신적인 고양을 가져옵니다. 고양되는 단계가 초선, 2선, 3선, 4선의 순으로 전개됩니다. 마음이 청정하고 고요한 상태로 색계 4선에 이르면 '평온함에서 오는 마음챙김의 청정함*upekkhā sati pārisuddhi*'이 이루어집니다. 그때는 어떠한 신통력이나 경이로운 정신적 상태가 와도 그에 이끌린 마음의 흔들림이 없습니다. 그리하여 그 사람은 지혜의 주인이 됩니다. 바른 집중을 통하여 사성제의 진리를 통찰하여 깨닫습니다. 아라한이 됩니다.

치우치지 않기에 모든 것을 구족한다

중도는 '치우치지 않는다'는 면에서 중도입니다. 계戒에만 치우치거나 정定에만 치우치거나 혜慧에만 치우치면 편중되어 중도를 벗어납니다. 중도는 어디에도 치우치지 않기에 오히려 적극적으로 계戒·정定·혜慧 모두를 구족할 수 있습니다.

정을 닦으면서 결코 계와 혜를 가볍게 여기는 법이 없고, 계를 닦으면서 정과 혜로 발전하는 것을 소홀히 하는 법이 없고, 혜를 닦으면서 계와 정을 게을리하지 않습니다. 그처럼 구족하기 때문에 중도이지, 그 어느 하나에 치우친다면 온전한 중도가 될 수 없습니다. 어디에도 치우침 없이 계·정·혜를 구족함으로써 중도가 이루어집니다.

이렇게 치우치지 않는다는 점에서 중中은 곧 '바름' 입니다. 일체의 치우침을 거부하고 칼날같이 예리하게 관찰하고 점검하는 것, 이것이 중입니다. 아무리 좋고 옳은 견해일지라도 그것에 치우치면 벌써 바른 길을 벗어나는 것입니다. 중도도 팔정도도 모두 길입니다. 길 중에서도 가운데를 견지하고 어떤 치우친 길도 고집하지 않는 고귀한 길ariya magga입니다. 중도를 지향하려면 팔정도의 첫 항목인 바른 견해[正見]부터 시작해야 합니다. 왜 팔정도를 걸어야 하는지 알아야 확신을 가지고 발을 뗄 수 있기 때문입니다. 바른 견해로 앞길의 윤곽을 제대로 파악하면 바른 사유[正思]에 의해서 전체 지도가 확보되고, 또 바른 말[正語]·바른 행위[正業]·바른 생계[正命]·바른 노력[正精進]에 의해 자기 정화가 확보되어야 그다음 더 본격적으로 공부를 탈 없이 해 나아갈 수 있습니다. 그렇게 팔정도를 걸음으로써 중도의 완성이 가능해집니다.

우리가 공부를 제대로 지어나가려면 무엇보다 바른 마음챙김[正念]으로 중도를 확립해야 합니다. 마음공부를 칼을 가는 것에 비유한다면 그 칼을 쓰기에 앞서 칼질에 책임질 준비가 필요합니다. 마음이라는 칼을 갈아 예리한 비수가 되기 전에 내가 칼을 올바로 쓸 수 있는지 깊이 숙고해야 합니다. 칼을 써야 할 텐데 마음이 어리석거나 유치해서 또는 그릇된 편견에 사로잡혀서 혹시라도 잘못 휘두른다면 오히려 칼이 잘 드는 게 화근이 되겠지요. 따라서 마음을 갈아 예리한 비수로 벼리려고 서두르는 것보다는 팔정도 정신에 따라 중도를 굳건히 감당할 역량부터 갖추도록 노력하는 것이 올바른 순서일 것입니다. 중도를 확고하게 견지하려면 자신의 마음을 항상 챙기고 제어할 능력부터 반드시 키워야 하고 그러려면 사정근에 의해 좋은 심성, 도덕적 윤리적 면에서 건전한 심성부터 먼저 가꾸어야 합니다. 그래서 바른 노력이 바른 마음챙김 앞에 놓이게 되었겠지요.

정定에서도 역시 가장 중요한 핵심은 그것이 '중도정'인가 하는 점입니다. 앞서 말한 바와 같이 부처님도 출가해서 두 스승 밑에서 무색계無色界에서도 제일 높은 정이라는 무소유처정과 비상비비상처정을 배우셨습니다. 그러나 부처님은 이런 무색계정도 정에 들어있는 동안은 마음이 해탈을 경험하지만 거기서 그칠 뿐이고 오히려 무색계정은 정에만 치우쳐서 지혜가 열리지 않으니 열반을 이룰 수 없다고 보셨습니다. 대각을 이루신 후 부처님은 바른 집중[正定]을 말씀하시면서, '바른 집중에는 초선부터 4선까지의 네 가지 경계가 있다.'고 하십니다. 그 네 가지 경계, 색계色界 4선四禪이 곧 중도 정定입니다.

　주목할 것은 무색계정의 경우 이들을 선禪이라 이름하지 않고 처정處定이라는 말을 쓴다는 겁니다. 공무변처정, 식무변처정, 무소유처정, 비상비비상처정이라 불러 색계 4선四禪과 구분합니다. 그런데 처處는 입入이라고도 불리듯 상想의 개입이 전제된 것이므로 무색계정의 특징은 상에 의한 지배입니다. 상이 주도하는 정, 그것은 아무리 깊은 정이라도 진리 차원에서 보면 해탈이나 열반과는 거리가 멉니다. 이처럼 무색계정은 상과 무관할 수 없을 뿐만 아니라 정에 치우치기에 일종의 극단이 됩니다. 이런 극단을 지양하여 중도를 지키는 것이 색계 4선입니다. 정의 깊이만 문제 삼는다면 무색계정이 색계정보다 높은 경계라고 볼 수도 있겠지요.

그러나 부처님은 무색계정에 이런 치명적 한계가 있으므로 이를 극복하기 위해 무색계와 별도로 상수멸정想受滅定을 시설하셨지요.[39] 무색계정은 아알라아라까알라아마나 웃따까 라아마뿟다의 경우에서 보듯이 그 자체가 해탈 열반의 경지라고 착각하도록 만드는 강한 힘이 있어서 거기에 빠진 수행자는 자신의 힘만

---

39 《디이가 니까아야*Dīgha Nikāya* 長部》, 15경 〈대인연경*Mahānidāna sutta*〉, II, 71쪽, 참조.

으로는 좀처럼 헤어날 수 없습니다. 부처님은 자신의 경험을 살려 수행자들을 중도로 이끌어내기 위해서 일단 상의 신기루적 본성[40]에 대해 일깨워 주신 거지요. 그러려면 그 허황된 것이 강력한 힘을 띨 수 있도록 만들어주는 제 요소들, 즉 여타의 오온 구성요소인 색色·수受·행行·식識들과의 연대 결착 관계를 약화시켜 고립화시켜나가는 길을 밟아야겠지요. 그러니까 먼저 상과 수의 관계부터 정리해야 합니다. 상수멸정이 그 과정입니다.

이렇게 상과 수를 일단 약화시키고 또다시 이 둘을 분리시켜 나가는 과정을 밟으려면 자연히 바른 견해, 바른 사유를 중심으로 팔정도의 힘을 빌려야 합니다. 표현

---

40 오온五蘊: 색色 *rūpa*-수포水泡, 수受 *vedanā*-기포氣泡, 상想 *saññā*-신기루, 행行 *saṅkhāra*-심재心材가 없는 나무(예: 바나나 나무), 식識 *viññāṇa*-마술《상윳따 니까야야*Saṃyutta Nikāya* 相應部》, 22 〈칸다 상응*Khandha Saṃyutta*〉, 95경 〈수포 비유 경*Pheṇapiṇḍūpama Sutta*〉 참조.

은 이렇게 했지만 사실은 팔정도의 힘을 빌리는 것이 아니라 팔정도를 자연히 밟게 되는 것이지요. 상이 존재하는 형태가 오취온으로서의 상취온 형태이지요. 이 상의 신기루적 본성과 오온을 접착시키는 역할을 하는 것이 취입니다. 이 취를 연이생緣已生·연이멸緣已滅의 연기법에 따라 올바로 보고 바른 견해를 가지면, 어느덧 팔정도라는 에스컬레이터에 올라서게 되니까요.

지금까지 상想과 수受의 멸을 이야기했지만 수는 매우 중요한 기능을 갖고 있습니다. 수는 오취온으로서의 수취온에 그치지 않고, 십이연기 중의 수라는 고리로서, 또 사념처 중의 수념처로서 대단히 적극적 역할을 합니다. 수의 고리는 수행을 통해 끊어낼 수 있다는 점과 색계 4선에 이를 수 있는 추동력으로 삼을 수 있다는 점에서 각별히 중요합니다. 이렇듯 중요한 수를 적극 활용할 필요가 있습니다. 다시 말해 수受, 느낌에는 즐거운 느낌, 괴로운 느낌, 즐겁지도 괴롭지도 않은 느낌, 세 가지가 있지요.[41] 이 느낌들을 있는 그대로 마음챙김하면 애착이 생기지 않아 수취온으로 발전하지 않고 수온에 그칠 수 있습니다. 나아가 지족知足[42]의 힘을 빌려 수를 '기쁨과 즐거움'이라는 적극적 느낌의 요소로 살려 이들을 초선과 2선의 추동력으로 삼을 수 있다는 점이 중요합니다. 다시, 이 추동력을 도약대로 삼아 3선, 4선의 평온, 우뻬카upekkhā로 발전시켜 마침내 평온에서 오는 마음챙김의 청정함, 즉 우뻬카 사띠 빠아리숫디upekkhā sati pārisuddhi의 해탈력을 이루어내기에까지 이를 수 있습니다.

---

41 《상윳따 니까아야Saṃyutta Nikāya 相應部》, 36 〈느낌 상윳따Vedanā saṃyutta〉, Ⅳ, 참조.

42 지족知足: 지족천tusita deva은 욕계 육천 중 제4천으로 만족할 줄 알아 기쁨과 즐거움이라는 주요한 선지禪支의 바탕 요소가 됨.

거듭 얘기하지만 팔정도의 여덟 항목을 모두 구족함으로써 바른 길에서 벗어나지 않는 것이 바로 중도의 요체이고 중도의 정신입니다. 부처님은 〈위대한 마흔 경〉에서 팔정도의 여덟 항목이 열 항목으로 완성된다고 말씀하십니다.[43] 바른 집중, 정定에서 혜慧가 나오고 혜에서 혜해탈이 이루어져 열반에 이르게 되는 것입니다. 따라서 어디에도 치우치지 않고 불완전함과 오류를 점검해서 끊어내는 적극적인 자세로 팔정도를 걸어야겠지요.

지금까지 중도의 개념과 실천에 대해 살펴보았습니다. 그렇다면 중도의 공능功能은 어떤 소식일까요? 중도의 공능은 항상성, 향상성, 통합성입니다. 이에 대해서는 뒤에 다시 언급할 기회가 있을 것입니다.

---

43 《맛지마 니까야Majjhima Nikāya 中部》, 117경 〈위대한 마흔 경 Mahācattārīsaka sutta〉, Ⅲ, 75쪽.

5. 〈위대한 마흔 경〉의 메시지

부처님은 〈위대한 마흔 경〉에서 팔정도에 대해서 소상하게 말씀하셨지요. 한역 《아함경》에서는 이 경에 〈성도경聖道經〉이라는 이름을 붙였는데, 이로 미루어 팔정도가 얼마나 중요한 의미를 지니는지 알 수 있습니다. 먼저 부처님이 경에서 하신 말씀에 따라 팔정도의 그와 같은 깊은 의미에 접근하는 방법을 소개하겠습니다.

팔정도는 '성팔지도聖八支道 ariya aṭṭhaṅgika magga'의 줄인 말입니다. 그 성스러운 팔지八支, 즉 여덟 항목 가운데 바른 견해, 바른 사유, 바른 말, 바른 행위, 바른 생계, 바른 노력, 바른 마음챙김 일곱 가지를 갖추면 성스러운 바른 집중이 이루어진다고 말씀하십니다. 그리고 중요한 세 요소가 함께 짝을 이루어 '바른 견해에서 바른 생계까지 다섯 요소 하나하나를 감싸 돈다.'고 하십니다. 그 셋이 무엇인가? 바른 견해-바른 노력-바른 마음챙김입니다.[44]

'바른 견해-바른 노력-바른 마음챙김', 이 셋이 어울려 바른 견해도, 바른 사유도, 바른 말도, 바른 행위도, 바른 생계도 감싸 돌면서 그 각각을 이끌고 보완하고 완성시킨다는 겁니다. 그렇게 보면 팔정도의 앞 다섯 항목이 이 셋과 더불어 작용할 때 비로소 유익하고 실답고 올바른, 이름 그대로 팔정도의 항목이 됩니다.

예를 들면 바른 견해가 바른 사유에 관여합니다. 사유를 할 때 '옳은 생각이냐, 그른 생각이냐?'를 판단하는 것이 바른 견해이지요. 또한 바른 견해는 바른 말에 관여하여 말을 할 때 '이게 옳은 말이냐, 그른 말이냐.'

---

44 《맛지마 니까야야*Majjhima Nikāya* 中部》, 117경 〈위대한 마흔 경 *Mahācattārīsaka sutta*〉, Ⅲ, 71~75쪽.

판단합니다. 바른 행위나 바른 생계에 대해서도 같은 방식으로 바른 견해가 관여합니다. 이처럼 바른 견해가 '옳다, 그르다'고 판단을 하면 바른 노력과 바른 마음챙김이 그걸 감싸고 돕니다. 바른 견해가 옳고 그른 것을 판별하면 바른 노력이 그른 것은 제거하고 좋은 것은 더 개발시키고 나아가 바른 마음챙김이 팔정도의 완성에 기여하게끔 이끕니다.

그러한 과정을 통해 느낌[受 vedanā]을 순화 정화시키고, 상想 saññā을 진화 발전시켜 혜慧 paññā로 바꾸는 과정이 진행됩니다. 반드시 이런 과정 중에서 이루어지는 바른 집중이라야 바른 지혜[智 sammā ñāṇa]로 연결되고, 그 바른 지혜는 바른 해탈sammā vimutti로 이어집니다. 그래서 팔정도 여덟 항목에다 바른 지혜, 바른 해탈 두 항목이 더 연결되면서 열 가지가 됩니다. 이것이 '바른 열 가지[十正支]'입니다.

반면 잘못된 열 가지도 있습니다. 지혜도 잘못된 지혜가 있고, 해탈도 잘못된 해탈이 있지요. 바른 말, 바른 행위, 바른 생계가 있고, 그릇된 말, 그릇된 행위, 그릇된 생계가 있습니다. 바른 노력도 있고 그릇된 노력도 있습니다. 바른 마음챙김도 바른 집중도 다 그러합니다.

지혜에도 바른 지혜와 잘못된 지혜가 있으니 어떻게 하면 바른 지혜로 갈 수 있는가? 부처님은 팔정도 길을 따라가면 지혜가 생기고 해탈과 구경 열반에 이를 수 있다고 하셨습니다. '팔정도의 모든 항목이 담마 체계 안에 담겨 다듬어졌을 때 한결같이 올바르게 된다.'는 말씀입니다. 팔정도야말로 최선의 길이요, 가장 안전하고 확실한 길입니다.

예를 들어 바른 말을 봅시다. 우리가 평소 하는 말도 팔정도에 의거해 말하면 '최상의 말'이 됩니다. 출세간의 수준으로 완성된 말, 때[垢] 묻지 않은 말, 그게 진실로 올바른 말입니다. 어떤 말도 팔정도로 수렴되어서 그 담마 체계 속에서 작동하는 말일 때 최상의 바른 말이 된다는 겁니다. 바른 행위, 바른 생계도 마찬가지입니다. 그러한 맥락에서 팔정도 여덟 항목 뒤를 이어 바른 지혜[智]가 따라오고, 바른 지혜의 뒤에는 바른 해탈이 따라오게 됩니다. 이렇듯 팔정도의 앞 다섯 항목이 바른 길로 나아가게 되는 것은 바른 견해-바른 노력-바른 마음챙김, 이 세 항목이 함께 감싸 돌기 때문입니다.

명심할 것은 지혜와 해탈은 우리가 직접 추구한다고 해서 얻어지는 것이 아니라는 것입니다. 지식은 그런 식으로 얻을 수 있지만 지혜는 아무리 듣고 읽고 애쓴다 해서 이루어지지 않습니다. 해탈 역시 그렇습니다. 팔정도가 원만히 구족되면 지혜와 해탈이 그 열매로 열리고 익어지는 것입니다. 팔정도에 여덟 항목만 언급되고 지혜와 해탈이 들어있지 않은 것은 그 때문입니다.

6. 팔정도의 전통적 해석

병 치료 비유

팔정도에 관한 전통적 이해 방식으로 '병 치료 비유'와 '삼학적 해석', 두 가지를 꼽을 수 있습니다. 첫째, 팔정도를 병의 치료 과정에 비유하는 겁니다. 어떤 사람이 병을 앓아 아플 때 병을 고치기 위해서는 그 병의 원인이 무엇인지 알아야 하지요. 여기서 병을 앓는다는 것은 고苦이고, 의사의 진단으로 밝혀낸 병의 원인은 집集입니다. 건강한 상태를 회복하는 것이 멸滅이고, 병을 진단한 결과에 따라서 치유하는 과정이 도道입니다. 사성제를 이렇게 볼 때 팔정도는 의사의 진단에 따라서 병을 고쳐나가는 과정, 즉 건강한 상태를 회복하는 길입니다.

이 비유는 우리 일상생활과 매우 가까워서 쉽게 와 닿습니다. 현대적인 관점에서 '병이 있고, 진단이 있고, 치료를 해서 건강을 회복하는 식의 접근 방식인 것입니다. 무명無明이 원인이 되어 지금 윤회병을 앓고 있는데, 그 원인을 어떻게 하면 소멸시킬 수 있는지 그리고 건강을 회복하려면 무슨 약으로 치료할지의 문제입니다. 약은 팔정도입니다.

삼학적三學的 해석

둘째, 팔정도를 '계戒·정定·혜慧' 삼학으로 분류하는 것입니다. 부처님이 말씀하신 사성제 진리 중 도성제道

聖諦가 팔정도입니다. 팔정도가 진리이건만 사람들은
'팔정도도 한낱 수행 방법이 아니냐.'는 식으로 이해했
습니다. 그래서 여덟 가지인 팔정도를 계·정·혜 삼학으
로 줄였습니다. 전통적 해석에 따르면 바른 견해, 바른
사유는 혜에 해당되고, 바른 말, 바른 행위, 바른 생계
는 계에 해당되고, 바른 노력, 바른 마음챙김, 바른 집
중은 정에 해당된다는 것입니다.

　계·정·혜 삼학으로 보는 방식이 잘 먹혀들어 널리 퍼
지다 보니 팔정도가 아니라 계·정·혜 삼학을 중시하는
것이 전통이 되다시피 하였습니다. 2500여 년간 불교
의 역사는 팔정도의 역사라기보다 계·정·혜 삼학의 역
사인 셈입니다. 부처님이 최초로 하신 설법은 사성제,
팔정도라는 불변의 진리 체계입니다. 그렇건만 팔정도
는 부처님이 말씀하시고 얼마 되지 않아 계·정·혜 삼학
으로 축약되었고, 그 바람에 팔정도가 진리의 위치로

부터 한낱 학*學*으로 전락되어 버렸습니다. 그 결과 팔정도가 곧 중도라는 사실도 희미해졌습니다. 그러니 실천수행에서 강조되어야 할 중도 정신 역시 희석되어 버릴 수밖에 없었겠지요.

팔정도를 삼학으로 축약할 경우, 왜 중도 정신이 희석되는가? 제 생각으로 중도는 양변의 배척이라는 소극성에서 그치지 않습니다. 중도로서의 팔정도는 본래 적극적 능동성을 지니고 있습니다. 팔정도는 여덟 항목이 유기적으로 통합되어 중도의 힘을 발휘합니다. 무엇보다 지속적인 바른 마음챙김을 통하여 우리를 해탈·열반으로 향상시키는 힘이 있습니다. 팔정도는 모든 항목이 유기적으로 통합된 단일 체계로서 그 불가분의 자연스러운 결합 상태가 유지 존속될 때 본질적으로 중도의 공능을 발휘합니다.

그에 반해 팔정도를 삼학으로 나눌 경우, 가장 큰

문제는 중도의 공능이 약해진다는 겁니다. 우리가 현실에서 보듯이 계·정·혜로 나누면 율사·선사·법사처럼 전문 분야별로 분화되기 쉽습니다. 이 세 분야를 통합하고 두루 갖추려면 인위적 노력이 필요하게 됩니다. 각기 전문화되는 정도가 커질수록 나머지 분야까지 통섭하려면 점점 더 많은 노력을 경주해야 하지요. 통합성이 결여될수록 중도의 항상성恒常性과 향상성도 취약해질 수밖에 없습니다. 결국 그만큼 중도 본유의 공능이 희석되는 것이지요.

그뿐 아니라 삼학이 팔정도 그대로를 답습하는 체제라면 바른 견해와 바른 사유가 혜에 해당하므로 계-정-혜가 아니라 혜-계-정 순서라야겠지요. 그런데 삼학에서 제일 끝인 혜가 팔정도에는 제일 앞에 놓입니다. 왜 그럴까요? 팔정도에서 앞에 나오는 혜는 우리가 깨달아서 밝은 지혜의 눈을 가졌다는 이야기가 아닙니다. 초심자에게는 우선 공부의 방향을 잡아 주는 스승의 가르침에 의한 바른 견해가 필요합니다. 처음 공부 단계에서의 혜, 즉 바른 견해와 바른 사유는 부처님 담마의 등불을 빌려서 앞을 비추어 길을 짐작하여 나아간다는 뜻입니다.[45]

오히려 계·정·혜 삼학은 팔정도가 거두어들이는 수확, 결실, 효능을 정리한 것에 가깝다고 저는 봅니다. 팔정도의 결과를 정리하자면 계戒가 되고 정定이 되고 혜慧가 된다는 것입니다. 다시 말해 초선에서 계가 완성되고, 2선은 정의 심화 과정이고, 3선에서는 혜가 열리고, 4선에서는 혜해탈이 실현됩니다. 거듭 말하지만 탐·진·치라는 해로운 나무가 있는데 우선 햇빛을 받아 독 나무가 왕성하게 크는 것을 막기 위해 잎들을

---

45 활성 스님, 소리 일곱 《참선과 팔정도》, 〈고요한소리〉, 참조.

떼어내고 가지를 쳐낸다면 이는 계를 통해 탐욕과 진심을 줄이는 것에 해당한다고 할 수 있겠습니다. 다음으로 나뭇가지를 조금씩 잘라내다가 나무의 줄기를 베어내는 단계에 이릅니다. 이것이 정定입니다. 그리고 마침내는 그 뿌리를 뽑아내어 되살아나지 못하도록 원천적으로 발본색원합니다. 이 역할을 하는 것이 혜입니다. 이 혜가 이끌어내는 해탈이 혜해탈입니다. 혜해탈에서야만이 열반이 실현됩니다.

정리하자면 도성제인 팔정도는 사성제를 완성시키는 최고의 진리입니다. 사성제의 체계성을 전제할 때, 팔정도를 계·정·혜 삼학으로 해석하는 것에는 상당한 무리가 따른다고 생각합니다. 그런 만큼 부처님의 근본 가르침에 따라 팔정도를 제대로 재조명하는 일이 실로 중요합니다. 팔정도는 먼저 기초적인 혜를 갖추고 계를 닦고 정에 들어 최종적인 혜를 이루는 체계입니다. 부처님이 '정에서 혜가 나온다.'고 하신 말씀은 팔정도를 닦아 바른 집중에 이르면 지혜는 자연스럽게 열린다는 뜻입니다. 지혜가 생기면 지혜에 의한 혜해탈이 가능해집니다.

7. 새로운 관점으로 보는 팔정도

팔정도 전 항목을 통합적이고 유기적으로 이해하고 실천하기가 쉽지 않지요. 그렇다면 팔정도에 좀 더 수월하게 접근하기 위한 방안을 모색해 보는 것도 어느 정도 유의미할 수 있습니다. 여기서 조금은 새로운 각도에서 팔정도 해석을 시도해 보겠습니다. 팔정도를 '자동 에스컬레이터'와 '수레 바큇살', 이 두 가지 시각으로 살펴보는 겁니다. 그런데 경에도 비슷한 말씀이 없지는 않으므로 전혀 새로운 방식이라 할 수는 없겠습니다.

팔정도는 자동 에스컬레이터

팔정도의 항목이 여덟 가지나 된다고 지레 위축되지 마십시오. 팔정도는 한 번 턱 올라서기만 하면 마치 에스컬레이터를 탄 것처럼 앞으로 주욱 나아갈 수 있습니다.[46] 팔정도 에스컬레이터에 올라서는 발판은 바른 견해, 정견입니다. 바른 견해가 수행의 목적과 방향을 제시합니다. 따라서 우리는 기필코 바른 견해를 얻도록 애써야 합니다. 팔정도 에스컬레이터에 일단 올라서

---

46 "거기서는 바른 견해가 맨 먼저 나온다. 어떻게 먼저 나오는가? 바른 견해를 가진 사람에게는 바른 사유가 생겨난다. 바른 사유를 하는 사람에게는 바른 말이 생겨난다. … 바른 마음챙김을 하는 사람에게는 바른 집중이 생겨난다. 바른 집중을 하는 사람에게는 바른 앎이 생겨난다. 바른 앎이 있는 사람에게는 바른 해탈이 일어난다, 이렇게 여덟 요소를 구족한 이는 도道를 수련하는 유학이고 열 요소를 구족한 이는 아라한이다." 《맛지마 니까야야*Majjhima Nikāya* 中部》, 117경 〈위대한 마흔 경*Mahācattārīsaka sutta*〉, III, 117경 74쪽.

는 것이 무엇보다 중요하기 때문입니다. 더욱이 팔정도 여덟 항목을 두 항목씩 묶어 살펴보면 자동 에스컬레이터를 타고 우리가 향상해 나아가는 도정을 좀 더 수월하게 이해하고 실천할 수 있을 것입니다.

① 바른 견해-바른 사유

부처님과 부처님 담마를 만나지 못한 사람은 아무래도 막연한 가운데 더듬거리는 식으로 생각하게 되지요. 따라서 부처님 담마가 무엇인지 정보를 수집하고 그 정보를 체계적으로 이해하려 시도하는 것, 그것이 바른 견해의 첫걸음이라고 할 수 있겠습니다.

그리고 부처님의 견해를 내 생각의 자료로 삼아 내가 사유하는 언어로 만들면 바른 사유가 되겠습니다. 우리가 불교를 만났으니까 어떤 사유를 할 때 부처님 담마의 언어들을 내 사유 수단으로 써보는 겁니다. 실험적으로 담마의 언어를 통해 사유해 보는 것이지요.

부처님이 쓰시고 권하시는 언어들을 택해서 나의 사유 내용의 주축으로 삼아 봅시다. 오온五蘊, 육처六處, 육근六根, 칠각지七覺支, 팔정도八正道, 십이연기十二緣起, 이십이근二十二根, 삼십칠조도품三十七助道品, 삼계三界 등등 담마의 언어들은 처음 접하면 낯설고 막연합니다. 그래서 초심자는 불교 서적이나 경전을 읽는다든지 또는 법문을 듣는다든지 하여 담마를 더 알려고 노력하고, 그리고 그 담마를 따라 생각해보는 노력이 필요할 수밖에 없습니다.

초심자의 첫걸음은 우선 팔정도의 첫머리인 바른 견해-바른 사유를 통해 부처님 담마를 좀 더 깊이 이해하는 노력을 하는 것입니다. 그리하여 사회, 문화, 종교, 정치, 경제 등 일상생활과 밀접한 일들을 부처님 담마의 언어로 환치해서 적용해보려고 시도합니다. 이는 부처님 담마를 만나서 불교에 들어 섰다는 이야기가 되니 '팔정도 공부에 대한 이해의 기초'가 마련되는 셈 입니다.

② 바른 말-바른 행위

부처님 가르침인 담마의 언어를 중심으로 생각하고 향상하겠다는 원을 바르게 세우면, 우리의 말과 행동도 자연히 담마의 언어를 따르게 됩니다. 바른 견해-바른 사유를 하다 보면 이전과는 달리 바른 말-바른 행위를 하게 됩니다. 우리의 언어생활과 행동이 바른 견해-바른 사유의 연장선에서 나오게 된다는 말입니다. 바른 견해-바른 사유와 부합하지 않는 말과 행위를 계속하고 있으면 우리는 여전히 방향을 잡지 못하고 불안한 가운데 혼란스러운 길을 걷게 됩니다. 말하자면 우리의 말과 행동이 바른 견해-바른 사유의 연장선에서 자연스럽게 이어지도록 노력하여 바른 말-바른 행위가 되어야 바른 생계-바른 노력도 기대할 수 있습니다. 따라서 바른 말-바른 행위 이 두 가지는 우리의 '일상생활의 기초'에 해당됩니다.

③ 바른 생계-바른 노력

바른 견해-바른 사유에 따라 바른 말-바른 행위를 하다 보면 자연히 바른 생계-바른 노력이 점차 실현됩니다. 부처님 가르침에 따라 내가 생각하고 말하고 행동한다면 담마와 동떨어진 생계 수단으로 살아갈 수는 없는 노릇이지요. 만일 그런 상태를 지속하면 언젠가는 불선업을 짓게 되고 그 과보로 심각한 고초를 겪게 되니까요.

경우에 따라서는 적당히 '담마는 담마이고, 생계는 생계이고' 하는 식으로 넘어가려 들 수도 있겠지만 담마에 따라 바른 사유를 하는 사람이라면 담마와 생계 사이의 거리가 서로 멀수록 번뇌가 커지게 될 테니까요. 차츰 부처님 담마를 알아가다 보면 가족 부양이나 세속적 성공을 내세워서 바른 사유와는 전혀 다르게 산다는 것이 무의미할 뿐 아니라 인생고를 가중시킬 따름이라는 것을 실감하게 될 테니까요. 가령 불자가 살생을 한다든지, 무기상을 한다든지 도박장을 차린다든지 술을 판다든지 하는 것은 업 지음의 문제는 제쳐두더라도 그런 방식으로 살아가는 게 편하지는 않겠지요.

이렇게 일상생활에서 팔정도의 기초를 다지다 보면 바른 생계-바른 노력을 영위하기 위한 삶의 주변 정리가 자연히 이루어지게 될 것입니다. 항상 불법에 머물도록 노력하되 '어제보다도 오늘을, 오늘보다는 내일을 좀 더 담마에 맞추어 진지하게 살겠다.' 하는 것이 불자의 올바른 서원 아니겠습니까. 그리하여 삶의 바탕인 생계가 바르게 잡혀 윤리, 도덕면에서 거리낄 게 없어지면 나의 삶 자체가 바른 노력이 되고, 바른 노력 자체가 나의 삶이 되는 쪽으로 한 걸음씩 나아가게 됩니다.

그러나 자기 내면의 두드러진 결함들을 포착하여 대강 가라앉혔다 하더라도 마음속 깊은 곳에는 문제의 세세한 원인들이 여전히 많이 남아있을 수 있겠지요. 여태까지는 마음이 바깥으로 헐떡거리고 돌아다니느라 그걸 돌아볼 틈이 없었을 뿐입니다. 이제 이 마음을 좀 더 깊이 체계적으로 들여다보아야 할 계제가 되었습니다. 밖을 향하는 습관부터 내려놓아야 자기의 삶을 돌아볼 기회도 생기고 또 늘어나기도 할테니까요. 이래서 바른 노력은 마냥 바깥으로 분주하게 드나드는 습관을 멈추려는 노력에서부터 시작됩니다.

담마를 계속 생각하면 현재 돌아가는 내 마음, 내 말, 내 행동, 내가 영위하고 있는 삶을 그대로 담마에 비추어 볼 수 있게 됩니다. 그렇게 자기를 들여다보면 비로소 '아, 내게 이러이러한 부족한 점이 있구나.'라고 알게 됩니다. 그래서 '아, 이건 이유 불문코 고쳐야 겠구나.'라고 결심하며 그 부족함을 넘어서려는 노력을 하게 됩니다. 자기 결함이나 좋지 않은 버릇을 고치니까 자연히 삶의 질이 향상됩니다. 이러한 태도로 식생활 버릇에서부터 잠자는 버릇, 육신에 관련된 온갖 버릇, 나아가 나의 사고방식, 나의 생활 태도, 나의 가치관 등 모든 것을 담마에 비추어서 하나하나 검토해 보게 되는 겁니다.

한편으로 우리는 자신에게 장점이 많다는 걸 잘 모르기도 합니다. 예컨대 인정이 많다든가, 선한 바탕이 있다든가, 양심의 가책을 받아 부끄러워할 줄 안다든가 하는 것은 모두 대단한 장점입니다. 자기 장점을 과소평가하면 지족知足할 줄 모르게 되고 항상 부족하게만 여길 수 있습니다. 어느 정도 공부가 된 구석은 스스로 인정할 줄도 알아야 합니다. 바른 노력을 통해 '내 좌표가 여기로 이동되고 요만큼 향상하는구나.' 하고 확인할 수 있습니다. 누구나 장단점이 있는데 자신의 장점을 별거 아니라고 폄하하게 되면 그건 겸양이 아니라 무지요 일종의 치암癡闇입니다. 자신의 장점이나 단점을 볼 줄 알고 그걸 더 키우거나 고치려는 노력을 진지하게 한다면 불법에 어긋나는 짓은 하려고 해도 못 합니다. 바른 생계-바른 노력, 이 둘은 내가 현재 실제로 살고 있는 일상생활과 밀착된 이야기입니다. 바른 노력이 삶이요, 삶이 바른 노력이 됩니다. 그러니 이는 앞에서 말했듯 바른 말-바른 행위가 향상하는 삶의 기초가 된 데 이어 바른 생계-바른 노력은 '향상하는 삶의 실제적 내용'에 해당합니다.

④ 바른 마음챙김-바른 집중

다음으로는 바른 마음챙김-바른 집중 단계로 들어가는데 이때 바른 마음챙김은 자기 마음을 담마에 비추어서 운전하는 운전수입니다. 담마가 가리키는 방향으로 자기 마음을 운전하여 계속 길을 나아가면 그게 바른 집중, 정정으로 이어집니다. 바른 마음챙김-바른 집중을 하게 되면 바깥 외풍이 아무리 불어도 끄떡도 않고 항상 평정한 상태를 유지할 수 있게 됩니다.

자기 마음이 좀 더 순일해지고, 집중하는 시간이 조금씩 길어진다면 그 자체가 훌륭한 일입니다. 그런데 바른 집중이란 마음이 고요하거나 한 곳에 집중 통일되는 것이 전부가 아닙니다. 정신이 집중되는 상태인 정定 자체보다도 집중 자체가 바른가 아닌가 여부가 중요해집니다. 바른 집중의 본질은 오히려 자신의 인격이 실질적으로 향상하는지에 있습니다. 부처님이 경에 분명히 말씀하셨습니다. 바른 집중은 팔정도의 앞 일곱 항목이 모두 어울려 작용해서 빚어지는 결과라고 하셨습니다. 그런데 팔정도를 따르지 않고 정定만을 따로 떼어서 오로지 집중만 추구한다고 해서 인격 향상이 바르게 이루어지겠습니까? 바른 마음챙김-바른 집중은 인격 향상의 과정인 것입니다. 요컨대 바른 집중은 팔정도의 맥락 속에서 앞 일곱 항목을 충실히 공부하여 자연스럽게 얻게 되는 결실입니다. 이 점을 분명히 알아야 합니다.

여러분, 이생에 기필코 팔정도라는 자동 에스컬레이터에 올라서도록 분발합시다!

팔정도는 수레 바큇살

팔정도는 수레 바큇살로도 해석해 볼 수 있습니다. 부처님은 '바른 집중에서만 바른 지혜가 생긴다.'고 말씀하셨습니다. 지혜는 바른 집중에서 나오고, 바른 집중은 바른 마음챙김에서 나옵니다. 바른 마음챙김을 닦으려면 자신의 여러 업장을 소멸시키는 바른 노력이 있어야 하고, 바른 노력을 하려면 계행을 통해서 자신의 몸, 입, 마음을 다스려 나아가야 합니다. 그러려면 부처님 담마에 대한 발심부터 해야 합니다. 무엇보다 바른 견해를 가져야 합니다.

팔정도는 여덟 개의 단계 또는 팔 차선 길[47]이라는 해석도 있지요. 그런데 다른 각도에서 보자면 팔정도를 여덟 개 살로 된 수레바퀴로 보는 것이 어떨까 합니다. 팔정도 공부는 여덟 개 살로 된 수레바퀴가 돌고 돌아 나아가는 것입니다. 한 바퀴 돌았다고 끝이 아닙니다. 계속 바른 견해를 지니고 바른 사유도 하고 바른 말도 하고 바른 행위도 하고 바른 생계도 하고 바른 노력도 하고 바른 마음챙김도 하고 바른 집중도 하고 거듭거듭 자꾸만 굴러가야 합니다. 수레바퀴가 돌고 도는 가운데 바른 견해가 발전하면 그만큼 또 올바른 원력을 세우게 되고, 바른 말, 바른 행위, 바른 생계를 하도록 노력하게 되고, 이렇게 여덟 개의 살을 온전히 갖춘 수레바퀴가 거듭 돌고 돌면서 향상의 길을 나아가게 됩니다.

---

47 팔정도는 흔히 '일 차선 길이며 그 길에 여덟 단계가 있다.'는 식으로 이해하는데 엠 오 시 월슈M. O' C. Walshe는 '팔정도 각 항목을 순차적으로 닦아 나아가는 것으로만 이해할 필요는 없다. 오히려 팔차선으로 이해하는 것이 더 이치에 가깝다.'고 한다. 보리수잎 하나《영원한 올챙이》, 엠 오 시 월슈 지음, 강대자행 옮김, 〈고요한소리〉, 참조.

그러면 수레바퀴가 처음 돌 때의 바른 견해와 다시 돌 때의 바른 견해는 완전히 달라지겠지요. 초등학생의 견해가 중학생, 고등학생, 대학생의 견해로 성장해 가듯이, 그렇게 바른 견해도 바퀴가 돌아갈수록 점점 더 성숙합니다. 그에 따라 원력도 발전하고, 그 원력을 능히 수행할 만큼 언어와 행동의 정화가 또다시 이루어져 가는 것입니다.

요컨대 팔정도 수행은 여덟 개의 살을 갖춘 수레바퀴가 끊임없이 굴러 나아가는 것과 같습니다. 이 팔정도 수레바퀴가 굴러가면서 지혜를 완성하고 마침내 심해탈心解脫과 혜해탈慧解脫을 구족하게 됩니다. 그리하여 윤회의 흐름을 건너서 피안에 오르게 됩니다.

8. 팔정도의 보편성과 자기완성

팔정도로 해탈·열반

앞서 말씀드린 바와 같이 바른 견해는 사성제를 바르게 이해하는 것이고 세상을 '있는 그대로' 보는 눈입니다. 그런데 우리가 세상을 있는 그대로 보지 못하는 이유는 무엇이든 이름[名]을 통해서 보기 때문입니다. 여기 이건 찻잔이라고 부릅니다. 찻잔이니 차니 하는 것은 모두 사람이 임의로 지은 이름입니다. '찻잔이요, 차요' 하고 이름이 붙여지고 나면, 그 이름이 사물의 본질을 대체하고 주인 노릇을 하기 십상입니다. 그 결과 우리는 사물의 본질을 살피지 않고 이름을 통해서 피상적으로만 막연히 알게 되지요. 그건 기껏해야 알음알이 놀음일 뿐입니다.

여러분, 연기법緣起法에 식識이 있으면 명색名色이 있고, 명색이 있으면 식이 있다고 했지요.[48] 식이 찻잔이니 차니 하고 분별해서 제각각 이름을 갖도록 해 주었는데, 그다음부터는 이 이름이 도리어 식을 지배해 버립니다. 식은 참 이상한 일면을 보여주는 놈이지요. 인간은 자기가 대상에 이름을 붙여 놓고, 그 이름에 스스로 결박당합니다. 예컨대 신神을 누가 만들었습니까? 사람이 신이라고 이름을 지어 붙였지요. 그렇게 신을 만들어 놓고는 신 앞에 '도와 달라, 살려 달라' 애원합니다. 자기가 만들어 놓고는 자기가 매이는 겁니

---

48 "… viññāṇapaccayā nāmarūpanti … nāmarūpapaccayā viññāṇanti."

《디이가 니까아야Dīghanikāya 長部》, 15경 〈대인연경Mahānidāna sutta〉, II권, 56쪽.

다. 명색을 만들어 놓고 명색에 매여서 만날 집착하고 갈애를 일으키며 고통의 바다를 돌고 도는 겁니다. 그렇게 식의 어리석음 때문에 명색에 매여 윤회하는 것이 우리 중생입니다.

명색에 매이지 않으려면 바른 견해와 바른 노력을 통하여 바른 마음챙김을 해야 합니다. 명색은 사람이 만들어 놓은 무상하고 덧없는 것 아닙니까. 명색이라는 허깨비에 휘둘리지 말고, '이것이 허깨비니라.' 알아차리고 마음을 챙기라는 말입니다. 마음챙김을 놓치고 한눈팔면 또다시 금방 명색의 세계에 빨려 들어갑니다. 식識 때문이지요. 식이 우리로 하여금 명색에 속아 넘어가도록 만들어 버립니다. 식은 사람이 존재하는 한 끝없이 작동합니다. 사람이 죽어도 식은 그대로 남아 재생연결식으로서 다음 생으로 이어집니다. 그러니까 윤회하며 존재로 지속되고 있는 한, 식을 근본적으로 없앨 수는 없다고 봐야 합니다. 식을 청정하게 개발해 혜로 만들어 해탈해 버리는 수밖에 달리 길이 없습니다.

그렇건만 당장 해탈해 버릴 수는 없으니 어찌할 것인가. 옛 속담에 호랑이에게 물려가도 정신만 차리면 산다고 했으니, 간단없이 정신을 차리도록 애쓰는 수밖에요. 그 어떤 명색이 육처六處를 통해서 들어와 나를 충동질하여도 그때 정신만 똑바로 차리면 됩니다. 우리 안팎의 온갖 대경이 안眼·이耳·비鼻·설舌·신身·의意, 여섯 감각기관을 통해 들어오지요[觸]. 정신 차리고 그 대경이 노는 작태를 가만히 살펴보면 오온의 요소들인 수受를 촉발하여 상想과 행行으로 발전하면서 점점 더 식識을 강화시킨다는 것을 알 수 있지요. 식識 놀음이 심해진다는 말입니다. 특히 그중에서도 식과 짝을 이루어 온갖 짓거리를 다 벌이는 명콤비가 바로 상

想입니다. 이 식과 상을 잡는 유능한 형사가 바른 마음 챙김입니다. 명색이 눈으로, 귀로, 코로, 혀로, 몸으로, 마음으로 와서 집적거리지만, 마음챙김을 철저히 하면 우리를 흔들지 못한다는 이야기입니다.

여러분, 육처六處를 단속하여 육근六根을 지킨다는 말 들어보았지요. 여섯 감각기관이 식과 상의 놀이터 가 될 때는 그것을 육처라고 부르고, 식과 상을 다스려 순수 감각기능으로 되돌리면 '있는 그대로' 보는 육근 이 되지요. 이런 중대한 기능 때문에 바른 마음챙김이 항상 강조되고 있는 것입니다.

'육처가 안·이·비·설·신·의 여섯이나 되니 다 어찌 챙 길 것인가?' 그렇게 생각할 수도 있지만, 여기에도 팔 정도 공부처럼 자동 에스컬레이터 원리가 작용합니다. 부처님이 말씀하신 대로 육처 중 '몸, 신身 kāya'을 마음 챙김하면 자동으로 다 관리가 됩니다. 몸에 대해 마음챙김을 하면 육처 관리가 되고 육처 관리가 되면 온갖 명과 색이 들어와 식을 집적거릴 문이 봉쇄되어 버립니다. 그러면 우리가 그 집적거림에서 일단 벗어나 한숨 돌릴 수 있게 됩니다. 한숨 돌리게 되면 이제 '수와 상[心行]'까지 챙길 수 있지요. 마음이 어떻게 돌아가는지를 간단없이 지켜보면서 해탈의 방향으로 마음을 딱 겨냥시키는 겁니다.

바른 마음챙김이 중요하다고 해서 마음챙김만 따로 떼어서 하려 들지 말고 아무리 급해도 처음부터 차근차근히 해나가야 합니다. 부처님이 가르치신 대로 바른 견해부터 확고하게 세우면 에스컬레이터를 탄 것처럼 자동적으로 그다음, 그다음 단계로 진전됩니다. 그리하여 바른 마음챙김, 바른 집중 공부도 순일하게 이루어 갈 수 있습니다.

그런데 누구나 들떠 있을 때에는 자기 견해가 바른

지 어떤지 안 보이고 자기가 무슨 생각을 하고 사는지도 모릅니다. 또 그걸 살필 틈도 없이 '내가 생각하기에는 어쩌고저쩌고' 하는데, 실은 자기가 생각하는 게 아니지요. 식과 명색에 속은 겁니다[行]. '생각이 났다.'는 말은 명과 색이 육처를 건드려서 식을 불러내어 만난 겁니다. 그것은 명색이 와서 집적거린 것이지 '내가 생각한 것'이 아닙니다. '식'이 '나'입니까? 우리는 보통 식이 '나'라고 생각합니다. 그렇지만 식은 제행諸行이 있어서 나타났을 뿐이고 '나'가 아닙니다. 식 놀음하는 것이 '나'도 아니요, 명색이 '실상'도 아니라는 사실을 꿰뚫어 알고 '있는 그대로' 볼 수 있게 하는 것이 바른 마음챙김입니다.

바른 마음챙김으로 어떤 견해가 바른지 그른지 살피고 있으면, 칠각지 가운데 택법각지擇法覺支가 이루어집니다. 정正과 사邪를 구별하는 능력이 생겨나면 지혜의 일단을 얻게 됩니다. 그렇게 정신 차리고 올바로 살피는 노력을 하면 어느덧 바른 사유를 하고 있는 겁니다.

그 때문에 팔정도를 자동 에스컬레이터라고 하는 겁니다. 여러분이 바른 견해를 공부하다 보면 바른 사유도 하게 되고, 그러다 보면 어느새 자신이 전에는 생각 없이 말을 함부로 했다는 것도 깨닫게 됩니다. 그 순간 그 사람은 벌써 바른 말을 향하고 있는 거지요. 이렇게 향상이 이루어져 가는 겁니다. 바른 사유, 바른 말을 하면 자동적으로 바른 행위가 됩니다. 나아가 현재 내가 영위하고 있는 생계 수단이 과연 옳은지 자연스레 생각하게 되니 바른 생계에 이릅니다.

그러면 정말 내가 올바르게 살고 있는지 자신에 대해 좀 더 면밀히 살피게 되면서 자기 분석이 심화되지요. 마침내는 내가 지금 짓고 있는 행위들의 모습을 바로 보려는 노력을 하게 되는데, 이것도 바른 노력입니다. 바른 노력을 하면 바른 마음챙김이 싹틉니다. 자기 마음을 외면하지 않고 계속 지켜볼 수 있을 만큼 되면 바른 마음챙김은 뿌리를 내리게 됩니다. 그러면 가령 선정에 들고 나아가 신통을 얻게 되어도 거기에 현혹되지 않고 이겨낼 힘이 자랍니다. 그런 식으로 바른 집중의 단계로 자연스레 진입합니다. 이것이 팔정도가 자동 에스컬레이터로 작동하는 방식입니다. 부처님의 지혜와 자비가 아니면 이런 수행 체계가 나올 수 없습니다.

자동 에스컬레이터 팔정도! 그 탄탄대로의 길은 제쳐 놓고, 모두들 좁고 거친 가시밭길로 꾸역꾸역 들어가 형극의 길을 헤매며 애쓰고 있는 건 아닙니까. 지금 경험하는 현실이 형극의 길인지 아닌지 똑바로 보아야 합니다. 해탈로 향하는 살 길인지, 윤회를 거듭하는 죽을 길인지 정신 딱 차리고 바로 보아야 합니다. 진리의 길, 팔정도가 현실과 동떨어진 것이 아닙니다. 팔정도는 결코 추상적이고 관념적인 것이 아닙니다. 내가 경험하는 지금의 현실을 똑바로 보고 그것이 주는 교훈을 받아들여야 합니다.

부처님 십명호[49] 중에 '세간해世間解'가 있지요. 이 세상 중생의 사정을 잘 아신다는 말입니다. 어리석고 게으르고 탐욕스럽고 길을 놓쳐 헤매는 중생들이 사람다운 사람의 길, 향상의 길에 들 수 있도록 시설하신 것이 팔정도입니다. 팔정도는 정확하고도 안전하게 해탈·열반으로 가는 길입니다. 바른 마음챙김은 길을

---

49 여래십호如來十呼: 세존世尊 *Bhagavā*, 응공應供 *Araham*, 정등각正等覺 *Sammā Sambuddho*, 명행족明行足 *Vijjā caraṇa sampanno*, 선서善逝 *Sugato*, 세간해世間解 *Loka vidū*, 무상사無上士 *Anuttaro*, 조어장부調御丈夫 *Purisa damma sārathi*, 천인사天人師 *Satthā devamanussānaṃ*, 불佛 *Buddho*.

확인하면서 운전하는 능력에 비유할 수 있습니다. 자기가 지금 어디를 어떻게 가고 있는지, 바르게 가고 있는지, 속도는 알맞은지, 이런 것들을 항상 파악하고, 그것을 자기 운전에 적용하는 것입니다. '깨어서 운전하는 것' 그것이 곧 바른 마음챙김입니다.

다시 이를 비행기 이륙에 비유해 봅시다. 우리는 목표를 정했고, 방향도 잡았고, 이제 활주로에 진입해서 속력을 서서히 높여 왔습니다. 여기까지가 바른 견해부터 바른 노력입니다. 이제 이륙을 해야 합니다. 이륙은 바른 마음챙김에 의해서 가능합니다.

바른 마음챙김에 의해서 이륙하는 비상飛上, 즉 사띠에 의한 바른 집중은 우주선이 대기권을 무사히 돌파해 우주로 유영을 할 수 있도록 하는 조건입니다. 그렇지 않은 집중은 각도가 안 맞거나 속도가 안 맞아서 대기권 돌파가 불가능합니다. 그렇게 되면 해탈에 실패하기 마련입니다. 바른 마음챙김이 함께하지 않는 한 결코 우리는 깨달음에 도달할 수 없다고 부처님이 말씀하셨습니다. 이륙 과정의 필요성을 강조하는 아주 핵심적인 말씀입니다.

부처님이 시설하신 팔정도는 대단히 과학적이면서 실용적이기도 합니다. 바른 마음챙김으로 정확한 속도, 방향, 각도를 잡되, 그것도 미리 정하는 게 아니라 상황에 따라 조건에 맞추어 조절해 나아가라고 하십니다. 풍향이 바뀌면 바뀌는 대로 그때그때 이상적 조건을 찾아서 가장 적절한 평형 상태를 유지하고 지속해 나아가라는 말씀입니다. 이런 기능은 마음챙김의 소관이지요. 따라서 바른 마음챙김은 일시적이 아니라 항상 계속 견지되어야 하는 자세입니다. 거듭 말하지만 부처님은 우리가 언제 어디서나 기본 마음가짐으로 사다 사또*sadā sato*, 항상 바른 마음챙김하기를 강조하십니다. 바른 마음챙김에 의해서 바른 집중을 닦으면 4선四禪을 차례로 이루게 되고 마침내 해탈·열반에 들게 되는 겁니다.

여기서 4선, 즉 초선, 2선, 3선, 4선은 단순히 기술적 숙련이나 기법적 진전의 정도를 말하는 것이 아닙니다. 그보다는 인격적인 면에서 고매함의 수준에 따라 이루어진다고 할 수 있습니다. 초선을 누릴 수 있는 인격이 되었기에 초선이 실현되고, 2선을 누릴 수 있는 인격 상태이기에 2선이 나타난다고 보아야 합니다. 인격적인 면에서 더없이 높은 경지인 4선에서는 설혹 누가 뺨을 치고 모욕을 가해도 조금도 마음의 흔들림이 없는 경지가 됩니다. 그건 잘 참아내서 흔들리지 않는 게 아니라 이미 그런 것을 초월했기 때문에 심적 반응이 일어나지 않는 인격입니다.

그러한 높은 인격이 되어서야 마침내 탐·진·치貪瞋癡

삼독三毒이 폐기되고, 어떤 유혹이 와도 삼독의 세계에 더 이상 끄달리지 않게 됩니다. 우리가 악취 나는 쓰레기 더미에 머물 수 없는 것과 같습니다. 그만큼 인격이 고결하고 드높게 완성되어 지혜와 자비로 충만할 때 마침내 해탈하는 겁니다. 우리는 바른 집중을 닦아 4선에 이를 때까지 팔정도 공부에 숙달되도록 노력해야 합니다. 마침내 4선에 머무는 것이 자유자재하여 열반에 든다면 부처님 제자 된 도리를 다하는 것입니다. 나의 인생이 완성되는 것입니다.

팔정도와 향상의 네 단계

사람은 팔정도를 통해 향상의 길을 나아갑니다. 부처님은 팔정도 수행을 통해 향상하는 높은 경지에 대해 '네 단계가 있다.'[50]고 하시고, 이를 체계적으로 말씀해 주셨습니다. 이 네 단계는 예류豫流, 일래一來, 불환不還, 아라한阿羅漢입니다. 이 네 단계는 향상 분상의 얘기들이니까 팔정도와 떼려야 뗄 수 없는 관계입니다. 팔정도를 닦아 나아가며 이루어지는 향상의 각 단계로 그 어느 것이나 팔정도에 의지하고 있는 거지요.

첫 번째 단계인 예류과에서는 유신견有身見 *sakkāya-diṭṭhi*과 회의적 의심[疑 *vicikicchā*]과 의례의식에 대한 집착[戒禁取 *sīlabbataparāmāsa*]이 사라집니다.

유신견은 '내가 존재한다.'고 굳게 믿는 그릇된 견해입니다. 유신견이란 '이 찻잔은 실체가 있다.'는 것처럼

---

50 네 단계는 수행을 통해 성인이 되는 과정과 도달한 경지로 사향사과四向四果, 사쌍팔배四雙八輩라고도 함. 예류도*sotāpatti magga*-예류과*sotāpatti phala*, 일래도*sakadāgāmi magga*-일래과*sakadāgāmi phala*, 불환도*anāgāmi magga*-불환과*anāgāmi phala*, 아라한도*arahant magga*-아라한과*arahant phala*이다.

'무엇이 있다.'고 생각하는 겁니다. '내 몸은 실체다, 이건 틀림없이 존재한다.'고 생각하지요. '이 몸이 실제로 있다.'는 생각이 나를 고통받는 존재로 묶어 고해苦海를 살아가도록 만듭니다.

　그리고 부처님 담마에 대한 의심 역시 향상의 걸림돌로서 우리를 예류도에 조차 들지 못하게 합니다. '설마 2500년 전에 그렇게 체계적이고 완벽한 가르침이 있었을까? 담마 공부는 하면 할수록 어려워지는데 이 공부에 끝이 있을까?' 그런 의심을 하기 마련입니다. 그런 의심이 완전히 사라지려면 부처님 담마의 이론적 체계성을 확인하는 것은 물론 자신의 공부가 바로 담마와 하나로 연결될 수 있다는 것을 확인해야 합니다. 또한 스스로 실천을 통해 점검하지 않으면서 부처님 말씀이라 하여 맹신해서도 안 됩니다. 부처님 담마에 대한 의심이나 맹신으로는 예류도에 들어가기 어렵습니다.

예류과에 이르면 모든 종교나 이데올로기를 초월하고 의례의식에 대한 집착, 즉 계금취戒禁取에서 벗어나게 됩니다. 부처님 당시 제사장들이 '제사를 지내라, 희생물을 올려라, 성수聖水에 목욕을 해라, 불을 섬겨라.' 하는 식으로 사람들에게 별별 의례의식을 강요했습니다. 제사장들이 시키는 대로 의례의식을 지키면 공덕이 크다는 거지요.

오늘날에도 마찬가지입니다. 계금취는 의례의식에 대한 집착입니다. 기복 신앙은 물론이고 어떤 종교나 이데올로기를 맹목적으로 추종하는 것이 계금취입니다. 거기에서 벗어나야 종교의 맹목성과 이데올로기의 해독성에서 헤어날 수 있습니다. 오늘날처럼 국가라는 정치적 이념이나 자본주의·사회주의 따위의 경제적 이념이 지배하고 있는 시대에는 계금취를 극복하는 것이 얼마나 중요한지 아무리 강조해도 과하지 않을 것입니다. 계금취가 사라지는 것이 예류과입니다.

유신견, 회의적 의심, 계금취, 이 세 가지 족쇄가 사라지면 바른 견해가 확립되는 것입니다. 바른 견해를 완전히 확립하여 예류과에 든다면 일곱 생 내에 해탈·열반한다고 부처님이 보증하셨습니다.

대지혜인이 설하신
사성제를 꿰뚫어 아는 이들은
설혹 방일할지라도
여덟 번째 생을 받지 않는다.
이것 역시 승가에 있는 으뜸가는 보배이다.
이 진리로 모두가 평안하기를!

통찰을 성취함과 동시에
그는 세 가지에서 벗어난다.
유신견, 회의적 의심,

그리고 모든 의례의식.

그는 사악취四惡趣[51]에서 벗어나고

여섯 가지 중대한 죄를 짓지 않는다.

이것 역시 승가에 있는 으뜸가는 보배이다.

이 진리로 모두가 평안하기를![52]

---

51 사악취四惡趣: 사악도四惡道라고도 함. 악한 짓을 한 중생이 그 과보
로 받는 지옥·아귀·축생·아수라를 가리킴.

52 "Ye ariyasaccāni vibhāvayanti
gambhīrapaññena sudesitāni,
kiñcāpi te honti bhusappamattā
na te bhavaṃ aṭṭhamaṃ ādiyanti-
idaṃ pi Saṅghe ratanaṃ paṇītaṃ,
etena saccena suvatthi hotu.

Sahāv'assa, dassanasampadāya
tayas-su dhammā jahitā bhavanti :
sakkāyadiṭṭhi vicikicchitañ ca
sīlabbataṃ vā pi yad atthi kiñci,
catūh'apāyehi ca vippamutto
cha c'ābhiṭhānāni abhabbo kātuṃ-
idaṃ pi Saṅghe ratanaṃ paṇītaṃ,
etena saccena suvatthi hotu."
《숫따니빠아따Suttanipāta》, II, 1 〈보배 경Ratana sutta〉, 게송 230-231

사람이란 습관의 동물이라서 같은 행위를 반복하다 보면 거기에 익숙해지고, 익숙하면 벌써 아는 것으로 착각해 버립니다. 안다고 착각하면 그것과 어긋나는 다른 것을 보면 완강히 거부하게 되고, 그러다 보면 맹신이 되어버리지요. 자기가 뭘 믿고 있는지 제대로 모르면서 '너는 틀리고, 나는 맞다.'는 겁니다. 불교에서 볼 때 그러한 태도는 바로 어리석음, 치암癡闇입니다. 치암은 때가 묻은 겁니다. 습관이 반복될수록 때가 점점 더 두껍게 묻어 버리는 거지요. 절에 많이 다니고, 법문 많이 듣고, 불경 많이 읽고, 또 나름대로 참선도 하다 보면 자칫 자신이 담마를 알았다고 착각하기 쉽습니다.

바르게 공부하는 불자라면 자기가 경험하면서 얻은 지식을 가지고 뭘 안다고 착각하는 무지로부터 벗어나야 합니다. 차라리 '담마 공부는 하면 할수록 모르겠다.'고 말할 수 있으면 정직한 거지요. 그러한 측면에서 부처님 담마를 맹신하거나 건성으로 이해하는 단계를 넘어 실천적 확신의 단계에 이르러야 예류과에 도달합니다. 예류과는 첫 단계이지만 결코 낮은 단계가 아닙니다.

예류과를 이룬 사람은 적어도 탐·진·치 중에서 치암은 사라졌다고 보아도 됩니다. 아직 무명을 벗어난 것은 아니지만 일단 유신견이 사라지고, 부처님 담마에 대한 의심과 계금취가 사라지는 것은 지혜의 영역입니다. 지혜가 높아진 그만큼 치암을 벗어났다는 뜻입니다.

그다음은 일래과입니다. 예류과에서 탐·진·치 중에 치암은 어느 정도 해결되었는데, 남아있는 게 탐·진입니다. 예류과에 들 만큼 지혜가 높아진 사람이면 탐욕과 진심瞋心을 일삼고 있지는 않겠지요. 그러나 탐욕과 진심의 뿌리는 원체 깊어서 그 뿌리가 다 잘려나간 건 아닙니다. 그 뿌리를 더 잘라내는 윤리적, 도덕적 노력을 어느 정도 완성하면 두 번째 단계인 일래과를 이루게 됩니다. 하지만 존재의 바탕 저 깊숙이 도사리고 있는 탐욕과 진심은 아직도 건재합니다. 존재의 근원에 도사린 탐욕과 진심을 완벽히 끊어내는 일은 사성제와 팔정도에 대한 이해와 실천 수행이 더 깊어져야 기대할 수 있습니다. '한 번 더 오라.'고 해서 일래입니다. 다시 한 생을 더 태어나 부처님 담마를 근원적으로 터득해야 하는 단계입니다.

세 번째 단계인 불환과는 탐욕과 진심이 다 사라진 상태입니다. 윤리적 차원의 탐욕과 진심이 아니라 뿌리로서 존재하는 탐욕과 진심을 가리키는 겁니다. 그렇지만 불환과에 들어서도 사무량심과 4선四禪을 구족하지 못한 사람은 색계 4선 중 오정거천五淨居天에 들어가 거기서 나머지 일을 마치고 바로 열반에 들어갑니다. 다시 사람 몸 받아 태어날 일이 없으니 불환이라 부르는 겁니다. 나아가 존재의 뿌리를 이루는 탐욕과 진심마저 사라지고, 중생을 제도하겠다는 서원이 뚜렷하고, 부처님 담마의 은혜를 갚겠다는 원이 확고하면 그 사람은 마지막 단계인 아라한도에 들 것입니다. 이 모든 것을 우리가 경험하도록 만들어주는 갖가지 이름의 단계는 사실은 딱 한 가지, 팔정도입니다.

팔정도의 보편성과 자기완성

팔정도는 보편적 진리입니다. 부처님이 말씀하신 팔정도에는 조금도 신비적인 요소가 없습니다. 그래서 팔정도가 종교를 넘어 보편적 진리가 될 수 있는 것입니다. 팔정도는 오로지 보편적이고 합리적인 진리입니다. 사물을 있는 그대로 정확하게 보라는데 거기에 무슨 종교적 냄새가 납니까? 바른 견해를 가지고, 바른 사유를 하고, 바른 말을 하고, 바른 행위를 하고, 바른 생계를 꾸리고, 바른 노력을 하는 것, 거기에 무슨 종교적 냄새가 납니까? 바른 마음챙김으로 '있는 그대로' 보는 것에 무슨 종교적 냄새가 납니까? 또 바른 집중으로 4선四禪을 닦는 길도 건전한 도덕을 갖추어 인격을 완성해야 가능하다는 점에서 너무나 합리적이지 않습니까?

팔정도는 사람다운 사람으로 바르게 살아가는 길이요, 열반을 향하여 나아가는 길입니다. 열반은 자기완성입니다. 자기 향상, 자기완성을 향해 살아가는 것이 우리 인생의 진정한 목적입니다. 누구든 자기완성을 향하여 인생이라는 학교에서 체계적이고 바른 교육 과

정을 밟아가는 주인공이 되어야 합니다. 그 길이 팔정도입니다. 팔정도를 걷지 못하면 우리는 사도邪道를 걷는 것이요, 오도誤道를 걷는 것입니다. 자기완성을 위해서는 정도正道인 성팔지도를 걸어야 합니다. 중도中道라는 정도를 걸어야 합니다.

여러분이 불법을 만난 인연은 대단한 겁니다. 담마를 공부한다는 것 자체가 성숙의 길을 걷고 있다는 징표입니다. 성숙한 만큼 성숙의 결실을 누리는 거지요. 담마를 누린다는 것은 성숙 중에 최상의 성숙입니다. 여러분이 담마를 추구하는 힘을 더 키우려고 노력한다면 그것 자체가 대단한 겁니다. 성숙 과정이 무르익어 4선정에 들면 그것이 바른 집중입니다. 부처님이 **'팔정도를 시설해 주신 뜻이 향상의 길 가라는 것'** 아니겠습니까. 조급해하지 말고 차근차근 향상의 길을 걸어 나아가야지요. 담마를 조금이라도 더 잘 알고 담마땅게 구현하려는 그 마음가짐이 중요합니다. 인간계 人間界는 노력하는 장입니다. 육도六道 중에 노력하는 존재는 인간밖에 없습니다. 천상은 즐기기만 하고, 지옥·아귀·축생·아수라는 전부 벌 받는 데 매어있어서 향상을 향해 노력하도록 허용이 안 됩니다. 담마의 언어로 말하면 인간계의 삶은 불방일不放逸의 장, 노력의 장입니다.

세상사가 괴로움투성이처럼 보이지만 기실 그 모두가 담마 공부하라는 경책입니다. 담마 공부하겠다는 원願만 다지십시오. 담마 공부하려면 바깥일에 휘둘리지 말아야 합니다.

여러분, 요즈음 지구 온난화 현상 때문에 온갖 이변이 연쇄적으로 속출하고 있지요. 무엇보다 온대가 아열대로 바뀌는 등 온 지구가 급격한 기후 변화로 몸살을 앓습니다. 그 결과로 사막화, 해수면 상승, 극지대의

해빙으로 인해 얼음 속에 갇혀 있던 듣도 보도 못하던 갖가지 무서운 병원균들이 풀려날 위험, 그리고 코로나19와 그 변이 같은 역병의 창궐이 있게 되지요. 이런 혼란의 와중에 날로 심각해져 가고 있는 인심의 황폐화, 성도덕을 위시한 윤리 도덕의 도착倒錯 붕괴 현상 등등 끝 간 데 없이 파급 영향이 확산 만연되고 있어 가히 말세라 할 지경입니다. 항차 그 모든 재앙의 책임을 인류 자신에게 묻고 있는 현실 아닙니까. 사실 과학자들조차 공공연히 인류 사회가 앞으로 삼십 년 지속될 가능성마저도 장담할 수 없다고 하지 않습니까.

이런 때 우리는 과연 어떤 자세로 또 어디에서 희망의 불씨를 찾아야 할까요? 아마 그것은 변함없는 진리의 등불, 팔정도일 것입니다. 일체 고를 해결하는 길이라고 부처님이 확언하신 그 길이 바로 도성제, 팔정도입니다. 이제 우리들은 부처님이 베풀어주신 진리의 말씀을 등불로 실제 활용하는 산 공부를 할 때를 맞닥뜨린 것입니다. 나를 위하고 남을 위하여, 인류를 위하고 지구를 위하여 결연히 작정하지 않으렵니까. '내가 이런 고품를 겪으면서도 담마 공부하겠다고 분발하지 않는다면 언제 무슨 기약으로 또 사람 몸 받아서 향상하겠는가?' 스스로 돌아보십시오.

딱 한 가지 서원만 챙기십시오. 향상하겠다는 서원 하나 딱 서면, 그 서원에 맞는 환경을 끌어들여서 공부하게 되는 겁니다.

여러분, 팔정도 공부를 닦아 향상의 길 걷겠노라고 오늘 굳게 다짐해보지 않으렵니까. ✸

━━━━━ 말한이 **활성** 스님

1938년 출생. 1975년 통도사 경봉 스님 문하에 출가.
통도사 극락암 아란야, 해인사, 봉암사, 태백산 동암, 축서사 등지에서
수행정진. 현재 지리산 토굴에서 정진 중. 〈고요한소리〉 회주

━━━ 〈고요한소리〉는

- 붓다의 불교, 붓다 당신의 불교를 발굴, 궁구, 실천, 선양하는 것을 목적으로 설립되었습니다.

- 〈고요한소리〉 회주 활성스님의 법문을 '소리' 문고로 엮어 발행하고 있습니다.

- 1987년 창립 이래 스리랑카의 불자출판협회BPS에서 간행한 훌륭한 불서 및 논문들을 국내에 번역 소개하고 있습니다.

- 이 작은 책자는 근본불교를 중심으로 불교철학·심리학·수행법 등 실생활과 연관된 다양한 분야의 문제를 다루는 연간물連刊物입니다. 이 책들은 실천불교의 진수로서, 불법을 가깝게 하려는 분이나 좀 더 깊이 수행해보고자 하는 분에게 많은 도움이 될 것입니다.

- 이 책의 출판 비용은 뜻을 같이하는 회원들이 보내주시는 회비로 충당되며, 판매 비용은 전액 빠알리 경전의 역경과 그 준비 사업을 위한 기금으로 적립됩니다. 출판 비용과 기금 조성에 도움주신 회원님들께 감사드리며 〈고요한소리〉 모임에 새로이 동참하실 회원을 기다리고 있습니다.

- 〈고요한소리〉 책은 고요한소리 유튜브(https://www.youtube.com/c/고요한소리)와 리디북스RIDIBOOKS를 통해 들으실 수 있습니다.

- 〈고요한소리〉 회원으로 가입하시려면, 이름, 전화번호, 우편물 받을 주소, e-mail 주소를 〈고요한소리〉 서울 사무실에 알려주십시오. (전화: 02-739-6328, 02-725-3408)

∘ 회원에게는 〈고요한소리〉에서 출간하는 도서를 보내드리고, 법회나 모임·행사 등 활동 소식을 전해드립니다.

∘ 회비, 후원금, 책값 등을 보내실 계좌는 아래와 같습니다.

국민은행	006-01-0689-346
우리은행	004-007718-01-001
농협	032-01-175056
우체국	010579-01-002831
예금주	**(사)고요한소리**

━━━ 마음을 맑게 하는 〈고요한소리〉 도서

금구의 말씀 시리즈

소리 시리즈

법륜 시리즈

보리수잎 시리즈

붓다의 고귀한 길 따라 시리즈

하나	불법의 대들보, 마음챙김 *sati*

단행본

하나	붓다의 말씀

소리 · 스물여섯

팔정도八正道 다시 보기

초판 1쇄 발행 2022년 4월 27일
초판 2쇄 발행 2022년 6월 25일

말한이   활성
펴낸이   하주락·변영섭
펴낸곳   (사)고요한소리
제작   도서출판 씨아이알 02-2275-8603

등록번호   제1-879호 1989. 2. 18.
주소   서울시 종로구 인사동길 47-5 (우 03145)
연락처   전화 02-739-6328 팩스 02-723-9804
          부산지부 051-513-6650 대구지부 053-755-6035
          대전지부 042-488-1689
홈페이지   www.calmvoice.org
이메일   calmvs@hanmail.net
ISBN   979-11-91224-09-2 02220

          값 1,000원